Schule macht Theater

Claus Bubner
Christiane Mangold

westermann

Das Titelbild gestaltete Gerd Gücker.

1. Auflage Druck 5   4   3   2
Herstellungsjahr 1999 1998 1997

© Westermann Schulbuchverlag GmbH, Braunschweig 1995
Lektorat: Gudrun Storm, Inge Meyer-Öhlmann
Layout: Carola Cichon
Herstellung: westermann druck GmbH, Braunschweig
ISBN 3-14-**16 2021**-0

Inhalt

Vorwort

Dieses Buch beschäftigt sich mit Theater und dem Theatermachen mit Kindern und Jugendlichen. Wir wollen hiermit keinen Beitrag zur Diskussion über die Notwendigkeit eines Schulfaches „Theater" leisten. Dazu gibt es in der Fachliteratur genügend Überlegungen und Forderungen. Vielmehr werden hier Wege zur Einführung in die praktische Theaterarbeit aufgezeigt. Dabei verfolgen wir zwei Ziele:

● Wir machen Vorschläge, wie Schülerinnen und Schülern Grundkenntnisse über das Theaterspielen vermittelt werden können.

Den einzelnen Kapiteln vorangestellt sind Trainingsübungen, bevor wir mit kurzen theoretischen Überlegungen beginnen. Ihnen schließen sich, und das ist das Entscheidende, jeweils Spielversuche an, die die Schüler und Schülerinnen zum Erkennen und Verstehen theatraler Vorgänge führen sollen.

● Theaterspielen läßt sich nur durch Spielen lernen. Dieses spielende Kennenlernen ist Grundlage für bewußtes Theatermachen.

Wie in allen Bereichen ist auch hier Sachkenntnis nötig. Voraussetzung dafür ist die Kenntnis der Regeln, denn jedes Spiel hat Regeln, das Schachspiel, das Fußballspiel, das Theaterspiel. Aber wer kann im Schachspiel je alle Kombinationsmöglichkeiten ausloten?

Foto: Helmut Susenburger

5

Einführung

Schultheater, Schulspiel, Darstellendes Spiel, Dramatisches Gestalten – aus der Vielzahl der Benennungen wird deutlich, wie schwer es ist, für das Theaterspielen mit Kindern und Jugendlichen in der Schule eine eindeutige Bezeichnung zu finden. Wir nennen es Schultheater, denn dieses Arbeitsgebiet hat mit Schule und Theater zu tun.

Schule ist der Ort, an dem diese Arbeit gemacht wird, Schule ist die Institution, in der Wissen vermittelt wird, Schule ist der Ort von Erziehungsgeschehen, wo, wie immer das auch vor sich gehen mag, erzogen wird.

Theater heißt, einfach übersetzt: Schauplatz. Es ist nicht nur das gesprochene Wort, sondern es bedarf einer ganzen Reihe von weiteren Faktoren, um die Theateraufführung für das Publikum zum Erlebnis werden zu lassen. Körpersprache, Sprache, Raum, Kostüm, Requisit, Licht, Musik – all diese Mittel können dazu eingesetzt werden, der zuschauenden Gruppe einen Inhalt möglichst intensiv nahezubringen.

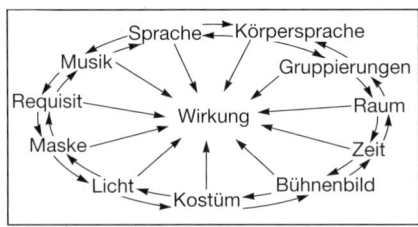

In: C. Bubner/C. Mienert: Bausteine des Darstellenden Spiels. Frankfurt ³1985, S. 5

Dieses Schema zeigt, daß es nicht unbedingt die gesprochene Sprache ist, die das Geschehen auf der Bühne bestimmt. Es kann vielmehr sein, daß eine Geste, die Bewegung einer Gruppe oder ein Geräusch die Szene beherrscht, so zum Beispiel in der „Mutter Courage" (Szene 11), wo die stumme Kathrin mit der Trommel die Bewohner der Stadt warnt. Gegen dieses Trommeln befiehlt der Fähnrich einen „unschuldigen, nicht kriegerischen Lärm". Wir erleben hier die gesprochene Sprache als ein Mittel, wobei der Schwerpunkt auf der Gestik und auf dem Geräusch liegt. Beim Schulspiel ist es häufig noch immer so (das mag auch mit der Geschichte des Schulspiels zusammenhängen), daß das Hauptinteresse auf Sprache gerichtet ist in der Annahme, daß das gesprochene Wort in erster Linie den Inhalt des Stückes transportiert. Wir fordern die Phantasie der Spielerinnen und Spieler zu wenig und zu einseitig, wenn wir allein auf die Sprache setzen. Unser Spiel wird zu kümmerlich, wenn wir die anderen Elemente nicht berücksichtigen. Das bedeutet nicht, daß in jeder Produktion alle Elemente eingesetzt werden, aber wir sollten mit allen Elementen experimentieren.

Wir gehen davon aus, daß das Umgehen mit den Mitteln des Theaters bis zu einem gewissen Grad erlernbar ist. Dabei kann sich das Schultheater naturgemäß nur um das Grundlegende dieses Mediums bemühen. Es wird so immer elementares Theater sein, ein Theater der Einfachheit. Das schließt nicht aus, daß auch das einfachste Spiel (ganz im Sinne von Spiel) eine Regel, ein Gestaltungsprinzip haben muß. Unter Gestalten verstehen wir hier, etwas Geordnetes herstellen. Das kann ein ganz einfacher Vorgang sein. Doch je mehr Mittel wir für diesen Vorgang einsetzen, um so schwieriger wird er zu ordnen sein. Um die Komplexität zu verdeutlichen, greifen wir auf ein Beispiel aus der Bildenden Kunst zurück.

Diese Abbildung zeigt eine Fülle von Zeichen für „Baum". In den Reihen eins bis drei sehen wir Arbeiten von Schülerinnen und Schülern, die vierte Reihe zeigt Beispiele aus der Kunst. Schon der flüchtige Blick läßt erkennen, wie all diesen Zeichen ein bestimmter, in sich konsequenter Gestaltungswille zugrunde liegt. Die ersten drei Reihen zeigen die wesentlichen Elemente des Baumes: die Senkrechte des Stammes, die raumgreifenden Äste und die Ansätze der Blätter. In

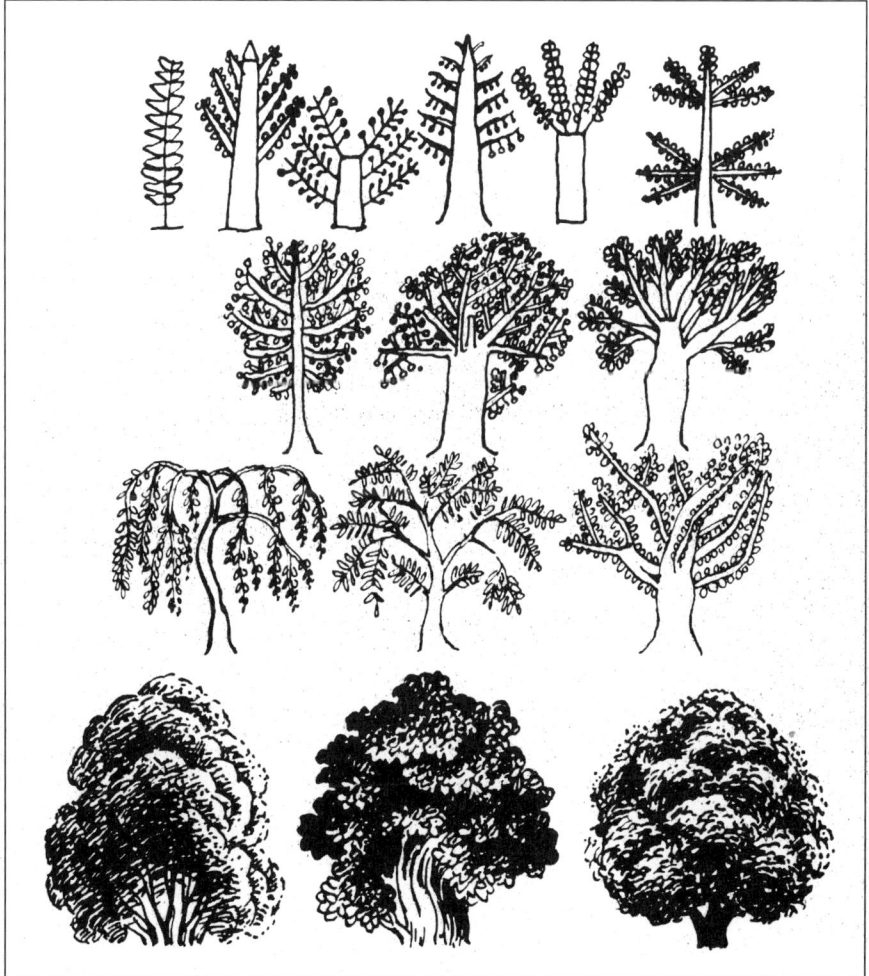

Zeichnungen: Gustav Lutz. In: Erich Parnitzke: Bildhaftes Gestalten. München 1933

7

Foto: Ingrid Anders

der vierten Reihe finden wir differenzierte Darstellungen. Die Mittel des Bildnerischen sind eingesetzt. Wesentlich dabei ist, daß die Arbeiten von Schülerinnen und Schülern, bei aller bildnerischen Einfachheit, deutlich das Zeichen Baum erkennen lassen und die bildnerischen Mittel in sich logisch sind.

Genau wie im Umgang mit den bildnerischen Mitteln, verhält es sich beim Umgang mit den Mitteln des Theaters. Auch die kleinste Aufführung wird sich dieser Mittel bedienen und zu einer in sich geschlossenen Gestaltung kommen müssen. Wobei das Schultheater in vielen Fällen in seiner Gestaltung wohl den Beispielen der Schülerzeichnungen näher steht. Beim Schultheater geht es darum, mit den Mitteln des Theaters eine bewußte Gestaltung zu erreichen. Das heißt, zunächst die Mittel kennenzulernen und spielerisch mit ihnen umzugehen. Das braucht Zeit. So muß der Schauplatz eine Zeitlang Spielplatz sein, um endgültig Schauplatz zu werden.

Wie bei jedem Spiel geht es auch hier nicht ohne Regel. Regel klingt für viele, die Theater machen wollen, negativ. Gemeint ist jedoch, die Eigenständigkeit und die Wirkung der Elemente des Theaters zu beachten und Verabredungen zu treffen. Wie beim Kinderspiel können immer wieder neue Regeln und Verabredungen getroffen werden. Selbstverständlich können auch bestehende Regeln ignoriert werden, aber daraus folgt notwendig, neue aufzustellen. Theater ist ohne Regel und Verabredung nicht möglich.

Kinder und Jugendliche, die Theater spielen wollen, haben zwar Lust zum Darstellenden Spiel, zumeist aber nur eine ungenaue Vorstellung von dieser Arbeit. Oft suchen sie einen Weg zu sich selber, bringen gleichzeitig Kraft, Spontaneität und Eifer mit, um auch in einer Gruppe und aus einer Gruppe heraus produktiv zu werden. Dabei kann es nicht ohne gruppendynamische Prozesse abgehen, aber es ist nicht Ziel einer Schultheatergruppe, durch ihre Arbeit therapeutisch wirksam zu werden.

Mit Schülerinnen und Schülern Theater machen heißt, ihnen Wissen spielerisch zu vermitteln und sie dabei gleichzeitig in ihrer Persönlichkeit zu fordern und zu formen. Theatermachen wird so zu einer eigenständigen Bildungskategorie, die die Mittel des Theaters als Lerngegenstand hat und durch den Umgang mit diesen Mitteln erzieht. Erziehung zum Theater heißt auch: Erziehung durch Theater.

Die Spielleitung und die Gruppe

Die Bezeichnung „Spielleitung" ist so eindeutig und verständlich, daß sie die Vielfalt der Aufgaben eher versteckt als verdeutlicht. Welche Forderungen werden an sie gestellt?

Sie muß Sachinformationen vermitteln und diese vor der Gruppe vertreten. Es wird darüber hinaus erwartet, daß eine Spielleitung über Wissen um die Theatermittel verfügt, in der Lage ist, sie sensibel anzuwenden und auch fähig ist, Theater zu organisieren. Hier kann sie durchaus mit jedem/jeder Fachlehrer/Fachlehrerin verglichen werden. Sie sollte um die Besonderheiten des Schultheaters wissen und sich im klaren sein, wo ihre eigenen Auffassungen von Theater liegen und welche Vorlieben sie für eine bestimmte Art von Theater hat.

Hier wird deutlich, wie subjektiv bei allem Fachwissen Theaterarbeit ist. Sie geht immer von der Person aus. Die Persönlichkeit des Spielleiters oder der Spielleiterin wird die Arbeit der Gruppe bestimmen. Er oder sie muß die eigenen Stärken und Schwächen nicht nur hinsichtlich der Theaterarbeit kennen, sondern vor allem auch im Hinblick auf die eigene Persönlichkeit und die Charaktereigenschaften. Es geht dabei um ganz elementare Eigenschaften wie launisch, explosiv, zurückhaltend, besonnen usw. Hier wird sich zeigen, auf welche Weise er oder sie Theaterarbeit leisten kann. Ganz sicher gelten diese Überlegungen für alle Fachlehrkräfte. Die Theaterarbeit verlangt von der Spielleitung ein hohes Maß an Selbstkenntnis und Selbstkontrolle, weil sie mit der ganzen Person für diese Arbeit stehen muß.

Sie sollte sich fragen, warum sie Theater macht – und vor allem, warum mit Schülerinnen und Schülern. Die wichtigste Anforderung an die Spielleitung ist ihr pädagogisches Geschick: ihre Art anzuregen, aufzunehmen, abzulehnen, zu organisieren, kurz: ihr ganzes mitmenschliches Verhalten und ihre fachliche Kompetenz. Die Spielleitung muß die Schülerinnen und Schüler aus ihrer Welt in die Welt des Theaters führen, sie anleiten, darin heimisch zu werden und sie in die Lage versetzen, sich anderen mitzuteilen.

Wenn wir uns jetzt den Schülerinnen und Schülern zuwenden, werden wir feststellen, daß auch sie eine Auffassung von Theater mitbringen. Auch sie sind Persönlichkeiten, die sich in eine Gruppe einfühlen müssen. Wo immer sie auch ihre Vorstellung von Theater bekommen haben, vom Fernsehen, vom Stadttheater, zunächst wird sie noch sehr diffus sein. Ihre Auffassung vom Theater spiegelt ihre Persönlichkeit wider. Die enge Verbindung zwischen Auffassung von der Sache und der psychisch-physischen Präsenz zeigt sich hier. Wir finden zwangsläufig die gleichen Strukturen wie bei der Spielleiterin und dem Spielleiter.

Eng mit den Personen verbunden ist ihre soziale Einstellung. Schon daß sie sich freiwillig in eine Theatergruppe begeben und den Forderungen dieser Gruppe Folge leisten, ist ja nicht selbstverständlich. Die Schülerinnen und Schüler müssen, um in der Gruppe arbeiten zu können, bereit und fähig sein, Bedürfnisse, Wünsche, Interessen und Erwartungen anderer wahrzunehmen und ihr eigenes Verhalten darauf abzustimmen. Im Grunde handelt es sich bei diesen Überlegungen um das Kompetenzgefüge von Ich-, Sach- und Sozialkompetenz.

Es ist die Aufgabe der Spielleitung, der einzelnen Person und der Gruppe in ihren Bedürfnissen und ihren Sehnsüchten gerecht zu werden, ihre Vorstellungen vom Theater aufzunehmen und in ein neues, komplexeres Theaterverständnis zu führen. Sie ist verantwortlich für all das, was in der Theatergruppe geschieht und darf sich deshalb auf keinen Fall die Führung aus der Hand nehmen lassen. Künste erfahren, soziales Verhalten lernen – immer werden Ich-, Sach- und Sozialkompetenz der Schülerinnen und Schüler mit denen der Spielleitung in Spannung leben. Die wichtigste Voraussetzung für diese Art von Arbeit ist Geduld, Vertrauen, Konzentration und Disziplin. Die Persönlichkeit der Schülerinnen und Schüler ist das Kostbarste für das Spiel und ihre Pflege eine Herausforderung für die Spielleitung. Als Spielleiterinnen und Spielleiter dürfen wir nie vergessen: die Schülerinnen und Schüler haben sich uns anvertraut.

Foto: Stefan Bialluch

Die Übungen und ihre Bedeutung

Wenn Kinder und Jugendliche kommen, um Theater zu spielen, bringen sie die unterschiedlichsten Erlebnisse mit. Fast spürbar füllt sich der Raum mit den verschiedensten physischen und psychischen Verfassungen. Entscheidend ist deshalb, die Kinder und Jugendlichen auf die Theaterarbeit einzustimmen. Sie müssen so geführt werden, daß sie sich als Gruppe fühlen und gleichzeitig auf das Theaterspielen vorbereitet werden. Das geschieht nach unserer Erfahrung am besten durch Lockerungsübungen. Zur Einstimmung sind diese Übungen mit gruppendynamischem Charakter (Abbau von Ängsten, Vertrauensbildung, Kooperation usw.). Da es aber um das Theaterspielen geht, sind auch Übungen nötig, die die jeweiligen Theatermittel wie Körper und Raum, Sprache und Sprechen, Umgang mit dem Requisit zum Inhalt haben. Diese sachbezogenen Übungen heißen Training.

Lockerungsübungen

Aus der Fülle von Übungen dieser Art, die der physischen und psychischen Lockerung dienen, stellen wir einige typische vor. Sie sind aus der Interaktionspädagogik bekannt. Wir wissen wohl, daß die vorgestellten Übungen schon lange zum Repertoire einer Gruppenleitung gehören, gleich welche Art von Gruppe sie führt. Sie sind sehr einfach, aber nach unseren Erfahrungen immer noch sehr wirkungsvoll. Gerade ihre Einfachheit macht es jedem Gruppenmitglied möglich, ohne Schwierigkeiten in Kontakt zu den Mitspielenden zu treten.

Trotz entspannter Atmosphäre müssen sie konzentriert, rücksichtsvoll und diszipliniert durchgeführt werden. Nicht unwichtig ist die Abfolge der Übungen. Je nach Gruppensituation muß die Spielleitung darauf achten, welche Übungen sie einsetzt: bewegt – ruhig, laut – leise, einzelne/r – Partner/in – Gruppe. Auf keinen Fall darf es dazu kommen, daß die Übungen nur abgespult werden oder daß sich diese verselbständigen und so über ihre Aufgabe hinaus zum Selbstzweck werden, eine Situation, die besonders bei neu zusammengesetzten Gruppen entstehen kann, weil sie sich in den Übungen verlieren.

Während der Übungen sollte die Spielleitung bestimmt, sich selbst zurückhaltend, die Gruppe führen. Sie ist nicht Entertainer und darf sich selbst nicht in den Mittelpunkt stellen. Im Mittelpunkt stehen die Übungen und die Gruppe.

Beispiele für Lockerungsübungen
● Kennenlernen
Alle Mitspielenden sitzen im Kreis auf dem Boden und klatschen einen einfachen Vierer-Rhythmus. Der vierte Schlag wird weggelassen. In die Pause sagen alle nacheinander ihren Namen, also: Klatschen 1-2-3-Heinz, 1-2-3-Ute, usf.

Bemerkungen:
○ Sitzen gibt Sicherheit.
○ Der Kreis ermöglicht, daß alle einander sehen können.
○ Das gemeinsame Klatschen verbindet.
○ Es fällt nun nicht mehr schwer, den eigenen Namen zu nennen.

Variation:
○ Im zweiten Durchgang sagen alle den Namen des rechten Nachbarn oder der rechten Nachbarin.

● Mein rechter Platz ist leer
Alle sitzen im Kreis, und ein rechter Platz ist leer. Ein Mitspielender sagt nun z. B. den Reim: Mein rechter, rechter Platz ist leer, ich wünsche mir die Ute her. Die Genannte setzt sich auf den rechten Platz usf.
Bemerkungen:
○ Namen werden eingeübt.
○ Der Nachbar der Gewählten wird der nächste Spielende.
○ Cliquenbildung wird verhindert.

● Ball im Kreis
Alle stehen im Kreis. Eine Person wirft nun einer anderen einen Ball zu und nennt deren Namen.
Bemerkungen:
○ Aktivere Haltung
○ Bewegung

● Begrüßung
Alle gehen durch den Raum. Innerhalb von dreißig Sekunden werden soviele Hände wie möglich geschüttelt. Die Spielleitung zählt die dreißig Sekunden laut.
Bemerkungen:
○ Körperkontakte
○ Dynamik in der Bewegung
Variation:
○ Zehen berühren
○ Nase stupsen
○ Ohrläppchen anfassen

● Atomspiel
Alle Mitspielenden laufen unregelmäßig durch den Raum. Die Spielleitung ruft z. B. „Atom 3", die Spielenden finden sich zu Dreiergruppen zusammen. Übriggebliebene verlassen das Spielfeld. Danach heißt es:

„Atom 5". Es werden Fünfergruppen gebildet.
Bemerkungen:
○ Starke Bewegung
○ Reaktionsschnelle
○ Konflikt
○ Möglichkeit, Gruppen nach dem Zufallsprinzip zu bilden

● Eine/r geht, alle gehen
Alle Mitspielenden gehen durch den Raum. Eine/r bleibt stehen. Alle bleiben stehen. Eine/r setzt sich in Bewegung. Alle gehen usf.
Bemerkungen:
○ Beobachtung des Spielpartners
○ Bewegung – Verharren

● Glasplatte
Auf dem Boden liegt eine imaginäre rechteckige Glasplatte. Alle heben die Glasplatte auf und tragen sie vorsichtig durch den Raum. Sie heben sie rauf und runter.
Bemerkungen:
○ Kooperation
○ Achten auf die Mitspielenden
Variation:
○ Dreieck
○ Kreis

● Kreis bilden
Alle gehen durch den Raum, bleiben auf Zuruf stehen, schließen die Augen und bilden tastend einen Kreis. Wenn die Kreisform erreicht ist, werden die Augen geöffnet.
Bemerkungen:
○ Vertrauen bilden
○ Angst überwinden
○ Gemeinschaftsgefühl

● Mit der Hand führen
Zwei Mitspielende (A und B) stehen sich gegenüber. A hält die flache Hand etwa 50 cm vom Gesicht des B entfernt. A führt B durch die Bewegung

seiner Hand durch den Raum: hoch –
tief – langsam – schnell. Führungs-
wechsel.
Bemerkungen:
○ Vertrauensübung
○ Führende/r muß Rücksicht nehmen
○ Vorsicht: kann Aggressionen frei-
  setzen

● Autoscooter
A steht hinter B. A kann B an drei
Punkten in Bewegung setzen: Mitte
der Schulter: nach vorn, rechte Schul-
ter: nach rechts, linke Schulter: nach
links, unterer Teil des Rückgrats:
Stop. Die Paare bewegen sich im
Raum. Zusammenstöße sind zu ver-
meiden.
Bemerkungen:
○ Kooperation
○ Sensibilisierung
○ Vertrauen
Variation:
○ A führt zwei Spielpartner bzw. -part-
  nerinnen gleichzeitig durch den
  Raum.

● Blindenführer
A schließt die Augen, B führt ihn:
Hand auf die Schulter legen, danach
Körperkontakt verringern, Führung
nur durch Fingerspitzen.
Bemerkungen:
○ Körperkontakt
○ Vertrauen

● Partner beobachten
A und B stehen sich gegenüber. A
schließt die Augen. B verändert sich
(Körperhaltung, Frisur, Kleidung); mög-
lichst geringfügige Veränderungen vor-
nehmen. A benennt Veränderungen.
Partnerwechsel.
Bemerkungen:
○ Genaue Beobachtung des Mitspie-
  lers/der Mitspielerin
○ Geduld

Das Training

Das Training hat vorbereitenden Charakter für das Theaterspielen. Es soll
Spieler und Spielerinnen zu einem
bestimmten darstellerischen Problem
hinführen: Sei es die Frage der Körperhaltung, der Gänge, der Gruppierungen, des Raumes, des Sprechens
usw.
Im wesentlichen wird die Haltung der
Spielleitung und der Gruppe dem
Training gegenüber dem der gruppen-
dynamischen Übungen entsprechen.
Es kann allerdings sein, daß die tech-
nisch-organisatorischen Vorbereitun-
gen aufwendiger sind und deshalb von
der Spielleitung sorgfältig geplant
werden müssen. Die einzelnen Übungen bedürfen der klaren Einführung,
sie sind die ersten Schritte in den
Bereich des Darstellenden Spiels. Es
ist sinnvoll, wenn die Spielleitung für
die jeweilige Arbeitssituation Trainingsübungen zusammenstellt. Übungen können auch direkt für eine
bestimmte Szene eines Stückes entwickelt werden, sind z. B. für eine Szene groteske Bewegungen nötig, sollten
sie schon im Training eingeführt werden.

Vorstellung, Versuch,
Erprobung

Da die verschiedenen Theatermittel
nur durch praktisches Handeln erfahren werden können, beschreiben wir
in jedem Kapitel drei Aneignungsfor-
men: die Vorstellung, den Versuch, die
Erprobung.
○ Die Vorstellung hat die Aufgabe, im
Sinne einer Demonstration auf ein
Mittel des Theaters hinzuweisen.
○ Der Versuch ist eine erste Annäherung an das Problem, immer noch
unter der Anleitung der Spielleitung,
aber von allen Spielern und Spielerin-

Foto: Stefan Bialluch

nen durch praktisches Handeln erfahren.

○ Die Erprobung verlangt von den Spielenden selbständig mit dem Gestaltungsmittel zu probieren, zu experimentieren, zu arbeiten. Mit Hilfe eines szenischen Vorgangs sollen Ausdrucksmittel und Möglichkeiten des Theaters zugleich erkannt und die Spielenden für diese Mittel sensibilisiert werden. Dabei ist es nicht so wichtig, ob die Szene darstellerisch in allen Einzelheiten gelingt.

Nach jeder Übung beschreiben die Zuschauer zunächst ohne Bewertung und Deutung ihre Wahrnehmungen. Dann erst sollte die aus den Wahrnehmungen resultierende Wirkung mitgeteilt und in Beziehung zur Aufgabe gesehen werden. Schließlich äußert sich die Gruppe zu ihrem Entwurf.

Hier kommt es darauf an, die gelungenen und die ungenauen Passagen des Szenenentwurfs in Beziehung zum Arbeitsauftrag deutlich zu machen. Das behandelte Thema wird so klarer hervortreten. In der Diskussion werden die Fähigkeiten und Defizite der Spielerinnen und Spieler thematisiert, ihre Ursachen erklärt, Veränderungen und Verbesserungen vorgeschlagen. Dieses Vorgehen erfordert viel Taktgefühl und Geduld und sollte in heiterer Atmosphäre verlaufen. So können die Kinder und Jugendlichen den Druck der Bewertung aushalten. Gleichzeitig ist dies eine gute Vorbereitung zur Diskussion nach einer Aufführung.

Die Spielleitung hält sich auch hier zurück und führt behutsam. Die Ergebnisse der Erprobung können, intensiv bearbeitet und absolut gesetzt, eigenständige kleine Szenen werden, die als Werkstattbericht vorgezeigt werden können.

Erfahrungsgemäß finden die Spielerinnen und Spieler von sich aus das Wesentliche heraus. Hilfreich sind dabei Fotos, Videoaufnahmen und Protokolle. Für die Dynamik der Proben ist es günstig, mehrere Gruppen mit einer Aufgabe zu versehen. Verschiedene Lösungen bieten Vergleichsmöglichkeiten, und es entsteht Neugierde auf die Lösung der anderen Gruppen.

Wünschenswert ist eine einheitliche, bequeme Kleidung bei den Proben, z. B. Jeans, Pullover, Turnschuhe. Dadurch sind die optischen Eindrücke (Gestik, Körperhaltung, Gruppierung usw.) leichter erfaßbar.

14

Körper, Raum und Bewegung

Training

Isolationsübungen
● Kopf
Kopf links, über den Nacken nach rechts drehen, wiederholen, dann über den Nacken nach links.

● Schulter
Während alle im Raum gehen, sagt die Spielleitung an: Kreisen der rechten Schulterpartie, normal gehen, kreisen der linken Schulterpartie, normal, beide Schultern nach vorn, beide Schultern nach hinten.

● Oberkörper
Alle stehen im Kreis, die Füße stehen leicht gegrätscht auf dem Boden, die Arme hängen entspannt in den Schultergelenken und kreisen um den Körper hin und zurück, der Oberkörper wird in die Bewegung mit hineingenommen, der Unterkörper bleibt fest, schließlich schwingen auch die Hüften mit.

● Wirbelsäule
Alle stehen im Kreis, die Füße leicht gegrätscht, Hände und Kopf ziehen den Oberkörper so langsam wie möglich – Wirbel für Wirbel – nach unten, kurze Zeit aushängen lassen, dann langsam wieder aufrichten.

● Bein
Im Kreis: Auf dem linken Bein stehen, nur die Zehenspitzen des rechten Fußes bewegen, das Fußgelenk kreisförmig drehen, dabei die Zehenspitzen weiter bewegen, den Unterschenkel mit dem Kniegelenk dazunehmen, schließlich den Oberschenkel drehen. Dabei bewegen sich alle Teile des rechten Beines, der Körper nicht. Wechsel zum rechten Bein.

● Übungen für die Wirbelsäule
Alle suchen sich einen Platz im Raum und legen sich auf den Rücken, Arme und Beine parallel zum Körper. Die Spielleitung sagt: Überprüfe, wie dein Körper auf dem Boden liegt. Achte besonders auf die Schultern, das Kreuz, den Po. Ziehe beide Beine an und vergleiche nun deine Lage. Strecke die Beine wieder aus. Drücke mit der Bauchmuskulatur auf deine Wirbelsäule. Stelle dir vor, du solltest eine Briefmarke auf den Boden kleben. Entspanne dich, wiederhole die Bewegung in deinem eigenen Rhythmus.
Mach jetzt die Gegenbewegung, indem du bewußt ein Hohlkreuz formst, dann wieder mit der Muskulatur auf den Boden drückst. Es entsteht eine Art Wellenbewegung, sie soll nicht groß, sondern intensiv durchgeführt werden. Gehe in die Ausgangsstellung zurück. Strecke deinen rechten Arm so weit du kannst nach hinten, als wolltest du etwas greifen. Strecke dabei gleichzeitig den rechten Fuß so weit wie möglich nach vorn, halte diese Position einen Moment, die linke Körperhälfte bleibt entspannt. Gehe in die Grundhaltung zurück und wiederhole die Übung mit dem rechtem Arm und Bein. Wiederhole mehrere Male im eigenen Rhythmus.

Partnerübungen
● Spiegelpantomime
A und B stehen sich gegenüber. A macht formale, keine alltäglichen Be-

wegungen wie Kämmen, Rasieren oder dergl., die B als Spiegel nachvollzieht. Die Bewegungen möglichst langsam, exakt und großräumig ausführen, um zu einer Übereinstimmung zu kommen. Dafür ist Konzentration und absolute Ruhe notwendig. Die Führungsrolle soll mitten im Spiel ohne Absprache wechseln.

● Anpusten
A und B stehen sich gegenüber. A pustet B an die linke Schulter, B gibt nach und dreht die Schulter nach hinten. A führt B durch das Anpusten weiterer Körperteile, B reagiert. Dabei können Bewegungsabläufe zustande kommen. Führungswechsel.

● Mit den Augen führen
A und B stehen sich im Abstand von einem Meter gegenüber und schauen sich in die Augen. A blickt auf einen Gegenstand, z. B. einen Stuhl, B folgt diesem Blick und bewegt sich zum Gegenstand hin. A dirigiert B allein mit Blicken durch den Raum. Führungswechsel.

Gruppenübungen
● Zielgerichtetes Gehen
Alle gehen durch den Raum. Dabei ist der Raum ein Tablett und muß in Balance gehalten werden. Sie gehen auf geraden Linien durch den Raum. Begegnen sie einander, weichen sie eckig aus und finden zur Linie zurück. Die Spieler und Spielerinnen gehen in Schlangenlinien durch den Raum, ohne sich zu berühren.
Sie breiten die Arme aus, empfinden, wie die Arme zu Tragflächen eines Segelflugzeuges werden und gehen „segelnd" durch den Raum. Berührungen vermeiden! Die Spielenden sollen sowohl den Raum um sich herum als auch den Raum im Ganzen empfinden.

● Wildwasser
Die Gruppe geht durcheinander. A (vorher von der Spielleitung bestimmt) bleibt stehen und dreht sich langsam im Kreis. Alle werden in den Wirbel gezogen, bis sie eng um A kreisen. A wechselt die Drehrichtung, der Wirbel löst sich langsam wieder auf. Wiederholung mit neuem Standpunkt und neuer Führung.

● Punkt fixieren
Die Gruppe geht durch den Raum. Alle suchen sich einen Punkt im Raum, der zunächst mit den Augen fixiert wird. Auf ein Klatschzeichen der Spielleitung bleiben sie stehen und zeigen mit ausgestrecktem Zeigefinger auf den eigenen Punkt. Wichtig dabei: Körperspannung halten. Auf Klatschzeichen auflösen. Die Übung mehrfach wiederholen, Punkte wechseln, zu der Bewegung kann auch die Silbe „ha" gerufen werden.
Die Spielleitung gibt nun für alle einen Punkt vor, der über Augenhöhe liegt. Auf Klatschzeichen zeigen alle auf den Punkt und rufen „ha". Klatschzeichen, Auflösung, Wiederholung der Übung.

● Enger Raum – weiter Raum
Alle gehen durch den Raum und versuchen, den Raum so groß wie möglich werden zu lassen, indem sie weit auseinandergehen. Auf den Ruf „eng" rücken die Spieler, so dicht sie können, zusammen. Kleine Gruppe im weiten Raum. Wiederholung in slow motion.

Körper, Raum und Bewegung

Wer immer einen Menschen betrachtet, wird zunächst aus Körperhaltung und Gesten versuchen, etwas über ihn zu erfahren. Wie er im Augenblick dasitzt oder steht, ist bereits eine Aussage. Auch unsere Sprache hält dafür viele Bilder bereit: „Haltung annehmen, Haltung bewahren, Haltung an den Tag legen, Haltung verlieren." Über die äußere Haltung wird die innere widergespiegelt.

Der Körper und seine Bewegungen sind die elementarsten Ausdrucksträger im Darstellenden Spiel, weit vor der Verständigung durch das Wort. Unsere Körpersprache kann nicht nur verbale Äußerungen unterstreichen oder ergänzen, sondern auch Lügen strafen, in dem die körperliche Haltung der verbalen Information zuwiderläuft. Bewußt oder unbewußt teilen wir uns ständig über unseren Körper mit. Theaterarbeit besteht darin, diesen unbewußten Vorgang ins Bewußtsein zu heben und damit gestalterisch umzugehen. Die Gesten im Theater sind immer gewollte, geführte, bestimmte Gesten. Sie sind absichtsvoll im Zusammenhang mit einer Figur. Es gilt also, die privaten Gesten der Spielenden zu erkennen und sie ihnen bewußt zu machen und auch ihren Körper zu befähigen, Haltung und Gestik für das Spiel bereit zu halten. Die Beherrschung der Körpersprache nimmt im Unterricht eines professionellen Schauspielschülers großen Raum ein. Für eine Schulbühne soll es zunächst genügen, den Körper und seine Gestik bewußt zu erleben und so zu einer „Sprache" zu kommen, die bewußt gestaltet Mitteilungen machen kann. Es geht um das Erlernen von Hilfsmitteln und Techniken, die dazu befähigen, aus der eigenen Bewegungsfähigkeit heraus eine fremde Figur zu gestalten, ein/e andere/r zu sein. Dies wird nur möglich sein, wenn wir auf der jeweiligen Erlebnisfähigkeit und dem Vorstellungsvermögen der Mitspielenden aufbauen, sie entwickeln und so differenzierter werden lassen.

Ein Theater, das die Möglichkeiten des Körpers nutzt und betont, ist besonders für Jugendliche geeignet. In dieser Lebensphase beschäftigen sie sich intensiv mit ihrem Körper.

Versuch: Gestik

Eine Gruppe, die sich zum ersten Mal zum Theaterspielen trifft, wird viele Unsicherheiten und Ängste haben. Der Versuch ist der erste Schritt, um diese Befindlichkeiten abzubauen. In dem Gesellschaftsspiel „Mimische Kette" soll deshalb versucht werden, zum ersten Mal mit theatralen Mitteln zu arbeiten.

Fünf Personen finden sich zu einer Gruppe zusammen, vier davon verlassen den Raum, und die fünfte erhält die Aufgabe, eine kleine Geschichte pantomimisch darzustellen. Eine Person wird wieder hereingerufen, ihr wird die Szene vorgespielt. Nun spielt sie wiederum der nächsten Person die Geschichte vor, so wie sie sie verstanden hat. Zum Schluß erzählt die letzte Person, was sie dargestellt hat. Das Publikum ist von vornherein über die Geschichte informiert. Zwei Beispiele für die „Mimische Kette":

● Ein Babysitter sitzt, eine Zeitung lesend, auf einem Stuhl. Plötzlich schreit das Baby aus dem Nebenzimmer. Er geht zu ihm und stellt fest, daß die Windeln voll sind. Er legt das Kind auf den Wickeltisch und wechselt die Windeln (säubern, cremen, pudern etc.). Schließlich legt er es wieder in sein Bettchen, geht in den Raum zurück und liest die Zeitung weiter. (Ein Stuhl darf als Hilfsmittel verwendet werden).

● Eine Hausfrau bzw. ein Hausmann ist in der Küche beschäftigt, schält Kartoffeln, schaut aufgeregt auf die

Uhr, zündet Gas an und setzt die Kartoffeln auf. Zufrieden geht sie/er auf und ab. Das Telefon klingelt, ein angeregtes Gespräch folgt. Plötzlich riecht's aus der Küche. Sie/er springt auf, läßt den Hörer fallen und läuft in die Küche. Die Kartoffeln sind angebrannt. Sie/er pustet, reißt das Fenster auf, fächelt frische Luft herein.

Häufig erfährt eine solche Geschichte in der Abfolge der einzelnen Mitspielenden eine komische Wendung. Uns interessiert hier die Frage, warum die Geschichte so verändert ihren Abschluß findet, warum sie so ablaufen mußte. In der anschließenden Besprechung werden folgende Überlegungen zur Sprache kommen: der unerfahrene, ungeübte Spieler spielt nicht genau genug. Er setzt seine Gestik und seine Mimik zu undifferenziert ein, so daß seine Aussage nicht ein-, sondern mehrdeutig wird. Die Bewegungen müssen aber deutlich sein, schließlich sollen sie etwas verdeutlichen. Häufig kommt es zu übertriebenen Gesten, die weniger die Handlung treffen, als vielmehr vorgezeigt äußerlich wirken. Es werden zu viele, sich ähnelnde Gesten eingesetzt, statt sich auf wenige, eindeutige zu beschränken. Darüber hinaus gelingt die Aufgabe oft nicht, weil Gestik und Mimik zu fahrig und zu schnell dargeboten werden. Eine gezeigte Geste muß anders aufgebaut werden als eine Alltagsbewegung, d. h. bewußt. Sie kann nicht einfach von einer wenig bewußten Gestik übernommen werden. Häufig ist es so, daß mit dem Rücken zum Publikum gespielt wird und dadurch wichtige Informationen verlorengehen.

Versuch: Der eigene Körper
Wir bitten zwei gegensätzliche Typen (z. B. einen eher untersetzten und einen schlanken) auf die Spielfläche. Beide stehen im Abstand von etwa drei Metern auf der Bühne, mit dem Gesicht zum Publikum in entspannter, aufrechter Haltung.

Die Zuschauer äußern sich über die Wirkung, die die beiden Figuren allein aufgrund ihrer Präsenz auf der Spielfläche für sie haben. Es werden die verschiedensten Aussagen formuliert. Sie werden zu beiden Figuren sehr unterschiedlich sein. Die körperliche Beschaffenheit erzielt, ohne daß sie bewußt etwas darstellt, immer eine Wirkung. Von dieser körpereigenen Wirkung macht der komische Film reichlichen Gebrauch (z. B. Oliver Hardy und Stan Laurel, Don Camillo und Peppone usf.).

Durch die körperliche Beschaffenheit eines Spielers kann ein bestimmter Typ von vornherein charakterisiert werden, ohne jegliche darstellerische Bemühungen. Allerdings ist bei einer Rollenbesetzung zu überlegen, ob z. B. ein König oder „Held" immer stattlich aussehen muß, ein vornehmes „Fräulein" immer grazil oder ob nicht gerade das entgegengesetzte Bild für die Wirkung spannungsreicher sein kann.

Versuch: Neutrale Körperhaltung
Es steht nur eine Person auf der Spielfläche. Hierbei soll es nicht um die körpereigene Aussage gehen, sondern einfach um eine Figur auf der Bühne. Sie steht über einen längeren Zeitraum auf der Bühne, ohne ein Wort zu formulieren, ohne ein bestimmtes inneres Gefühl auszudrücken, also: so neutral wie möglich.

Wenn wir das Publikum nach der Biographie der Bühnenfigur befragen, werden die Zuschauenden die unterschiedlichsten Geschichten erzählen.

Sie projizieren von sich aus Inhalte in das Dargestellte. Sie gestalten so eine Bühnenfigur mit. Zum Schluß sagt der Spieler oder die Spielerin, welche Aufgabe er/sie eigentlich hatte: nämlich nichts weiter zu tun, als auf der Bühne zu stehen.

Versuch: Körperhaltung

Zwei Mitspielende stehen auf der Spielfläche. Der/die erste Spieler/in soll ohne Mimik Trauer darstellen, während der/die zweite Selbstsicherheit zum Ausdruck bringt. Das Publikum weiß nicht, worum es geht. Es wird ihm aber nicht schwerfallen, die Informationen eindeutig zu entschlüsseln. Hier wird deutlich, daß wir bereits mit unserer Körperhaltung Aussagen über eine Befindlichkeit machen, deren Inhalte problemlos ablesbar sind. Dabei handelt es sich um typische Grundhaltungen, wie Trauer, Stolz, Müdigkeit, Kraft, Freude. Das Einnehmen solcher Grundhaltungen fällt nicht allzu schwer, weil unbewußt Bilder kopiert werden, ohne dabei auf die eigene innere Haltung oder das Gefühl zu achten. Dadurch entstehen oft unecht wirkende Haltungen. In der folgenden Übung wollen wir einen anderen Zugang zu Haltungen eröffnen.

Versuch: Bewußte Körperhaltung

Alle stehen im Raum und warten auf die Anweisung der Spielleitung: Stelle dich in leicht gegrätschter Haltung fest auf den Boden. Spüre die Kraft, die dir der Boden gibt. Lasse diese Kraft durch die Beine, über die Wirbelsäule, den Brustkorb zum Hals fließen. Der Brustkorb wölbt sich nach vorn, die Schultern sind leicht angespannt, der Kopf richtet sich auf und sitzt frei und locker auf der Wirbelsäule. Konzentriere dich auf dein Körpergefühl und beantworte für dich die

Frage: Wie fühlst du dich (hochgestimmt, der eigenen Qualität bewußt, stolz, selbstsicher, hochmütig, distanziert)? Wen könntest du so darstellen? Für die gegensätzliche Haltung lauten die Anweisungen: Stelle deine Füße parallel zueinander, beuge die Knie leicht. Dein Körper sackt in sich zusammen, die Schultern fallen nach vorne, die Arme hängen herab. Der Hals kippt nach vorne, der Kopf berührt die Brust. Konzentriere dich jetzt auf dein Körpergefühl. Wie fühlst du dich (vermindertes Selbstwertgefühl, Müdigkeit, Kummer, Resignation)? Wen könntest du so darstellen?

Durch die innere Disziplinierung der Muskeln entsteht eine selbstbewußte Körperhaltung. Indem wir den Körper klein machen und der Schwerkraft nachgeben, signalisieren wir mangelndes Selbstwertgefühl. Die äußeren Haltungen sind zugleich innere Haltungen.
Anfangs wird meist mühselig versucht, ein Gefühl in sich aufzubauen, das dann über Haltung transportiert werden soll. Nicht das Gefühl, sondern die Konzentration auf das eigene Verhalten ermöglicht die überzeugendere Wirkung. Diesen Ansatz vertreten sowohl *Stanislawski* als auch *Brecht*. Es ist ein Weg, um von aufgesetzten, falschen Gefühlen wegzukommen und das Schau-Spiel als Handwerk zu begreifen. Die Zuschauer ihrerseits spüren diese Haltungen der Spielenden immer als ein Gefühl in sich.

Versuch: Zwei Körperhaltungen zueinander

Auf die Spielfläche kommen zwei Personen, die einen selbstbewußten und einen weniger selbstbewußten Menschen darstellen sollen. Zunächst stehen sie frontal, mit zwei Meter Abstand zueinander. Nun drehen sie sich gleichzeitig um neunzig Grad zueinander.

Wir werden beobachten, daß sie zunächst noch zum Publikum gewandt, wenig Beziehung zueinander aufnehmen. Erst durch die Zuwendung entsteht eine intensive Beziehung: Herrscher und Untergebener. Diese so einfache Haltung beginnt eine Geschichte zu erzählen. Wenn die Spielenden sich voneinander abwenden, entwickelt sich die Geschichte weiter.

Es ist wichtig, viele solcher Haltungen, auch sitzende und liegende, zu suchen und miteinander zu kombinieren. Aus diesen Körperhaltungen ergeben sich zwangsläufig auch Gesten, die die Wirkung noch steigern können. Zur Demonstration der Wirkung von Gesten läßt sich folgender Versuch durchführen – entscheidend ist dabei das Erkennen der Mittel.

Versuch: Puppenführer/in

A und B stehen mit dem Gesicht zum Publikum in aufrechter Haltung auf der Spielfläche. Sie sind zwei leblose Puppen. Den Puppen A und B werden nun zwei Puppenführer/innen C und D zugeordnet: C führt die Puppe A, D die Puppe B. Die Puppenführer/innen setzen die beiden Puppen zueinander in Beziehung: wenn C den Arm seiner/ihrer Puppe hebt, antwortet D auf diese Bewegung mit einer Geste seiner/ihrer Puppe. So wird Zug um Zug eine Beziehung zwischen beiden Puppen hergestellt, wobei beide Puppenführer/innen jeweils nur eine Bewegung zur Verfügung haben. Sie dürfen sich nicht vorher absprechen. Auch während der Übung sprechen sie nicht miteinander. Die Puppen werden konzentriert und langsam bewegt.

Zwischen jeder Bewegung ist eine Pause. Es wird ein Bewegungsablauf entwickelt, der zu einer Gruppierung mit eindeutiger Wirkung führt. Mögliche Themen sind: Streit – Versöhnung, Angst – Beruhigung, Trauer – Trost, Bewunderung – Verachtung. Die Veränderung der Gesten lassen sich bei dieser Übung eindrucksvoll betrachten. Die Pausen lassen dafür genug Zeit. Die Kompositionen und Bilder sind selten ohne Poesie.

Erprobung: Mechanische Figuren

Drei gleichgroße Gruppen erhalten folgende Aufgabe:

Die einzelnen Mitspielenden werden zu mechanischen Figuren und geben sich ein Thema (z. B. Märchenfiguren, im Park, im Gericht). Alle übernehmen eine Figur und entwickeln zunächst für sich allein aus der Grundhaltung einen Bewegungsablauf, der über einzelne Gesten die Figur aufbaut, die schließlich wieder zur Grundhaltung zurückgeführt wird. Die Präsentation erfolgt, indem der/die erste parallel zur Spielfläche von links auftritt und in der Mitte seine/ihre Figur vorstellt. Nachdem er/sie in die Grundhaltung zurückgekehrt ist, tritt der/die nächste links auf. Der/die erste geht nach rechts ab usf.

Statt der linearen Form kann eine Kreisform gewählt werden im Sinne einer Spieluhr. Auf einen mimischen Ausdruck wird in dieser Übung verzichtet, weil es hier nur um Körperhaltung und Gestik und deren Wirkungen geht.

Jeder Mensch verfügt also über eine, ihm eigene Körperaussage. Sie ist Ausgangspunkt aller unserer darstellerischen Bemühungen. Um sie ins Spiel einzubringen, müssen wir uns erst ihrer bewußt werden und sie dann gestalten. Für diese bewußte Gestaltung der Körperhaltung ist das eigene Empfinden für den Schwerpunkt des Körpers wesentlich. In vielen Lehrbüchern wird hierfür der Begriff „Körpermitte" verwendet. Dahinter steht die Annahme: alle Bewegungen und sogar Emotionen haben ihren Ursprung in der Mitte des Körpers. „Wut im Bauch haben"; „ein flaues Gefühl in der Magengegend"; „das Herz rutscht in die Hose", diese Sprachbilder deuten an, worum es hier geht: die Körpermitte liegt etwa Zweifingerbreit unterhalb des Bauchnabels.

Versuch: Körpermitte I
Die Mitspielenden ordnen sich paarweise. A macht sich schwer. B faßt A von hinten an die Taille und versucht A wegzuschieben. Dabei sollen beide bewußt auf ihre Bauchmuskulatur achten. Sie werden feststellen, daß sie erhebliche Kraft brauchen. Alle Körperteile, die an dieser Übung beteiligt sind, empfangen ihren Befehl aus der Körpermitte. Wechsel.

Versuch: Körpermitte II
A und B halten sich beide an den Händen fest und versuchen, die/den andere/n zu sich heranzuziehen. Wieder geht der Kraftaufwand von der Körpermitte aus.

Versuch: Körpermitte III
Die Spielleitung gibt folgende Anweisungen:
- Stelle deine Füße locker, aber fest auf den Boden nebeneinander.
- Beuge die Knie leicht.
- Konzentriere dich auf deine Körpermitte.
- Laß das ganze Gewicht deiner Körpermitte nach unten fallen.
- Der Rumpf sackt in das Becken, die Schultern fallen herab.

- Welches Gefühl hast du von deiner Körperhaltung?
- Geh wieder in die Grundposition zurück.
- Stelle die Beine leicht gegrätscht fest auf den Boden.
- Konzentriere dich auf den Körpermittelpunkt.
- Strecke über die Wirbelsäule deinen Körper.
- Der Brustkorb weitet sich, die Schultern heben sich.
- Welches Gefühl hast du nun von deiner Körperhaltung?

Bei diesem Versuch werden die Spieler und Spielerinnen die Erfahrung machen, daß es sich im ersten Fall um ein schwerfälliges, plumpes Körpergefühl handelt; im Gegensatz dazu im zweiten Fall um ein selbstbewußtes, aktives Körperempfinden.
Bei allen Übungen gehen wir zwar vom Mittelpunkt des Körpers aus, bilden aber innerhalb des Körpers Schwerpunkte, von denen aus die Figur, auch im weiteren Handeln, bestimmt wird.

Erprobung: Körpermitte
Zwei verfeindete Gruppen (jeweils fünf Personen) begegnen sich lauernd, schleichen umeinander herum, wollen sich gegenseitig durch ihre Körperhaltungen imponieren. Eine Einzelfigur tritt auf. Was geschieht? Die Aufgabe ist ohne Gestik und Mimik zu lösen. Die Information soll allein durch die Körperhaltungen deutlich werden. Dabei kommen noch andere Elemente zum Tragen: das Gehen, die Gleichzeitigkeit der Bewegungen, das Timing, die Gruppierung. Wir wollen uns nur auf die Haltungen konzentrieren. Auch hier ist wichtig: alle Bewegungen haben ihren Ausgangspunkt in der Körpermitte.

○ Eine weitere Variante zu dieser Übung: die Begegnung von reichen, selbstbewußten Menschen und armen, unterwürfigen Personen. Die Reichen verwandeln sich in Arme und umgekehrt. Dabei ist es interessant zu beobachten, auf welche Art und Weise der Wechsel von Arm zu Reich szenisch realisiert wird. Diese kleine szenische Abfolge ist eine klassische Situation, wie wir sie in vielen Theaterstücken vorfinden.

Das Gehen

Bisher sind wir nur von Körperhaltungen ausgegangen. Der nächste Schritt ist – im Sinne des Wortes – das Gehen. Der Gang über die Bühne scheint zunächst keine Schwierigkeiten zu bereiten. Dies geschieht entsprechend dem eigenen Naturell, d. h. wie im alltäglichen. Bereits bei der Körperhaltung haben wir erfahren, daß jede Bewegung, also auch das Gehen auf der Bühne, ein bewußtes Tun ist. Wir geben auch hier keine Anweisung: „Gehe wie ein König", vielmehr entwickeln wir aus der Körperhaltung heraus die Bewegungen, die bestimmte Wirkungen haben.

Versuch: Gehen I

Alle Mitspielenden stehen entspannt im Raum verteilt, die Füße nebeneinander. Das Gewicht wird auf das linke Bein verlagert. Der rechte Fuß hebt sich langsam vom Boden und wird, mit den Zehen nach unten, auf den Spann des linken Fußes geführt, ohne ihn zu berühren. Verharren. (Es läßt sich deutlich spüren, wie sich die eigene Körpermasse aufs linke Bein drückt).
Langsam wird der rechte Fuß, parallel zum Boden nach vorne geführt und mit den Zehenspitzen zuerst auf den Boden gesetzt. Dabei verlagert sich das Körpergewicht von dem linken auf das rechte Bein, das Becken schwingt leicht nach rechts vorn, das linke Bein wird entlastet, zieht den Fuß parallel zum Boden nach vorn und setzt fest auf. Das Körpergewicht wird nun auf das linke Bein gelegt. Die Spieler/innen spüren, wie diese Bewegung, konzentriert durchgeführt, unmittelbar aus der Körpermitte erwächst. Dieser Ablauf sollte längere Zeit (mindestens 5-10 Minuten) konzentriert durchgeführt werden. Eine Musik kann als Hilfestellung dienen, möglichst in einem ruhigen, gleichmäßig getragenen Rhythmus. Diese Übung soll zunächst den Vorgang des Gehens bewußt machen.

Versuch: Gehen II

Alle stehen wieder im Raum verteilt. Die Anweisungen der Spielleitung lauten nun:
- Halte deine Rippen und die Schultern so breit wie möglich.
- Halte den Kopf aufrecht.
- Gehe breitspurig.
- Lasse deine Körpermitte deutlich werden.
- Wie empfindest du dich (kräftig, aktiv, großspurig)?
- Wen könntest du darstellen?

Versuch: Gehen III

Alle sind verteilt im Raum. Die Anweisungen heißen jetzt:
- Ziehe Rippen und Schultern zusammen.
- Der Kopf sinkt auf die Brust.
- Setze die Füße schmal voreinander.
- Wie empfindest du dich (unzulänglich, unscheinbar, aktionsarm)?
- Wen könntest du so darstellen?

Versuch: Gehen IV

- Beuge deinen Körper leicht nach hinten.

- Deine Beine bewegen sich zögernd nach vorn.
- Ziehe deinen Körper nach.
- Wie empfindest du dich (schüchtern, reserviert, vorsichtig)?
- Wen könntest du so darstellen?

Bei allen Übungen wird sich ergeben, daß bei der Hauptbewegung „Gehen" die Arme mitbewegt werden und der Haltung entsprechen. Es geht bei diesen Übungen darum, eine Körpererfahrung bewußt zu machen, die wir im Alltäglichen unbewußt ständig ausüben. Es ist nicht Sinn dieser Übung, Bewegungsschemata vorzugeben. Es soll deutlich werden, wie aus der körperlichen Bewegung Wirkungen entstehen, die zugleich auch Empfindungen bei den Spielenden auslösen. Für den praktischen Spielgebrauch müßte die Spielleitung sich Übungen überlegen, die die Spielenden in eine szenische Situation hineinführen.

Der Körper als Zeichen

Auch im Schultheater bieten sich Darstellungsformen an, die Körperhaltung als Zeichen einsetzen:
- Eine/r wird zum Luftballon, der/die andere pustet ihn/sie auf.
- Drei Mitspielende werden zu einem Baum, der sich im Wind bewegt.
- Mehrere Spielende stellen ein Boot im Seegang dar.
- Alle formieren sich zu einer Maschine.

Dies ist eine Darstellungsform, die der Spielphantasie entgegenkommt. Wichtig dabei ist, daß die Spielenden nicht in hilflose, unstrukturierte Bewegungsabläufe verfallen. Um dies zu verhindern, müssen alle Bewegungen aus der Körpermitte erfolgen. Beziehungen zum Mitspielenden herstellen!

Empfindungsfähigkeit

Bisher ging es um die Wirkung unseres Körpers und darüber, wie wir sie bewußt gestalten können. Die alles entscheidenden Voraussetzungen für das Theaterspielen aber sind Empfindungsfähigkeit und Gefühl. Unter „Empfindungsfähigkeit" verstehen wir zunächst ein Sinneserlebnis, das durch Reizung eines Sinnesorgans zustande kommt. Das Gefühl ist ein Erleben seelischer Art, für das u. a. Empfindung Voraussetzung ist. Natürlich haben Schülerinnen und Schüler ein Empfinden für ihre Umgebung im Bereich des Tastens, Hörens und Sehens. Für das Spiel muß dieses Empfinden geschärft werden. Folgende Übungen können die Empfindungsfähigkeit steigern und bewußt erleben lassen. Empfindungsfähigkeit ist keine nachprüfbare Größe, sie zeigt sich, aber sie ist nicht vorzeigbar.

Versuch: „Sinnliche Wahrnehmung"

● Hören

In einem Karton befinden sich verschiedenste, geräuscherzeugende Gegenstände: Klapper, Konservendosen, Sandpapier, Zeitungspapier, Rassel, Holzstäbe, Eisenstäbe usw.
A werden die Augen verbunden, B holt nacheinander aus dem Karton die „Instrumente" heraus und stellt sie A vor, indem er/sie die Geräusche um A herumführt, oben, unten, rechts, links, usw. A soll versuchen, so intensiv wie möglich, die Geräusche wahrzunehmen. Es geht nicht darum, sie zu identifizieren.

● Mit einem Wort führen

A schließt die Augen. B verabredet mit A ein mehrsilbiges Wort, z. B. „Lindenblüte". B „führt" A durch den Raum, indem er/sie dieses Wort spricht, flüstert, ruft. Dabei können sich die Abstände von A und B vergrößern und verringern. Die Übung sollte mit allen in einem Raum gemacht werden.

● Tasten
○ In einem anderen Karton befinden sich Gegenstände, die besonders den Tastsinn ansprechen. B gibt A diese Gegenstände in die Hand, um sie blind ertasten zu lassen.
○ Die folgende Übung ist etwas aufwendiger in der Vorbereitung: Die Spielleitung verteilt auf dem Boden des Übungsraums verschiedene Materialien: Plastikplane, Kieselsteine, Zeitungspapier, Plastikschale mit Wasser, Äste usw. B führt A, dessen/deren Augen verbunden sind, barfuß über den Parcours.

● Riechen
In dem Karton befinden sich jetzt den Geruchssinn reizende Produkte, z.B. Leder, verschiedene Gewürze, Parfüm, Medizin, Chemikalien, Lebensmittel. B bringt die einzelnen Produkte zu A, der/die sich allein auf den Geruch konzentrieren soll.

● Schmecken
A bekommt von B verschiedenste Lebensmittel und Getränke gereicht, die sich in der Mitte des Raumes befinden. Dabei kommt es darauf an, daß A sich auf den Geschmack, die Konsistenz und die Beschaffenheit der Lebensmittel konzentriert.

Diese Übungsfolge wird sehr gern angenommen, hat aber noch wenig mit Theaterspielen zu tun. Hier wird zunächst die Empfindungsfähigkeit gesteigert und bewußt gemacht, um sie später, in einer Spielsituation sich der Empfindung erinnernd, in ein Gefühl übertragen zu können.

Diese Übungen, die Sinne betreffend, sollten bewußt durchgeführt werden. Die oft gegebenen Anweisungen einer Spielleitung „Stellt euch vor...", führen nach unseren Erfahrungen nur zu äußerlichen und oberflächlichen Ausdrucksformen. Bei diesen Übungen sollte darauf geachtet werden, wie der eigene Körper auf die unterschiedlichen Empfindungsangebote reagiert (Zusammenzucken, Kopf wegdrehen, zuneigen, zusammenziehen, öffnen). Wer sich den Übungen konzentriert hingibt, wird auch spüren, wie die Körpermitte beteiligt ist.

Erprobung: Sinne
Bei der folgenden Übung ist nur das Skelett der Handlung vorgegeben: Auf der Spielfläche liegt ein zerknüllter Haufen Zeitungspapier. A und B kommen, stöbern in den Zeitungen, hören einen Pfiff, stöbern weiter, finden eine Schachtel, öffnen sie, riechen daran, kosten den Inhalt.
Die Geschichte soll nun erfunden und dementsprechend dargestellt werden: bei den Figuren angefangen (z.B. zwei freche Mädchen, ein ängstlicher, ein mutiger Junge o.ä.), über die Richtung, aus der der Pfiff kommt, bis zu der Schachtel nebst Inhalt. Wichtig ist, daß alle Gegenstände tatsächlich vorhanden sind. Da es sich um eine der ersten Erprobungsübungen handelt, werden viele Elemente des Spiels (z.B. Positionen im Raum, Timing) noch nicht berücksichtigt werden können.
Diese Überlegungen zum körpersprachlichen Spiel werden von *Peter Iden* so beschrieben: „Was sagt, noch ehe ein Wort fällt, schon die kleinste Veränderung einer Körperhaltung, des Bewegungsablaufs eines Gangs, die Art des Betretens und Verlassens von Räumen, wie einer auf einen

anderen zukommt, und wie er weg-geht von ihm – was erfahren wir aus alledem über die Regung der Herzen? Und welche Nachrichten geben uns die scheinbar geringfügigsten Merkmale eines Haltungswechsels über die Motive des bevorstehenden Handelns? Sichtbares Handeln motiviert sich aus unsichtbaren Impulsen. Aber die Körper lassen von den Plänen in den Köpfen und von den Geheimnissen in den Seelen vieles schon erkennen, ehe sich ein Entschluß in der Tat realisiert." (*Peter Iden*: „Theater als Widerspruch". 1984, S. 57)

Körper und Raum

Unter Raum verstehen wir den Spielort, in dem Spielende agieren. Das kann der Schulflur, die Pausenhalle, die Guckkastenbühne in der Aula, kurz jeder Raum sein, den wir zum Spielort erklären.

Zunächst sollten die Gegebenheiten eines Raumes untersucht werden: welche Wirkung hat z. B. ein Schulflur mit seiner sogartigen Perspektive, die nach den Seiten abgehenden offenen oder geschlossenen Türen; die Pausenhalle, Zentrum des Schulgebäudes mit ihren Gängen und Treppen oder schließlich die Guckkastenbühne? Bei unseren Überlegungen gehen wir der Einfachheit halber von der Guckkastenbühne aus. Sie ist von drei Seiten klar abgegrenzt durch Wände, eine ausmeßbare Leere, die von Körpern gefüllt werden kann. Die vierte Wand ist offen zum Publikum hin, den konzentrierten Blick der Zuschauer fordernd. Der Raum kann Feind oder Freund des Spielenden sein: Feind, weil der Spielende sich in der Leere des Raumes verlieren kann, wenn er ihn nicht beherrscht, Freund, weil der Raum, überlegt zum Mitspielenden

gemacht, die Wirkung des Spielenden steigert.

Versuch: Stellung der Spielenden im Raum

Die Spielleitung gibt einem Spielenden – und nur ihm, so daß die anderen Spielenden es nicht hören – die Anweisung, die Position von *Zeichnung 1* einzunehmen. Die Zuschauer werden gebeten, die Augen zu schließen. Sie öffnen sie erst wieder, wenn der Spielende seine Position eingenommen hat, und äußern sich zu der Wirkung. Vom Raum abgewendet, erscheint der Spielende passiv, weil er über den Raum nicht verfügen kann.

Danach wird die Position von *Zeichnung 2* eingenommen: Weil der Spielende den ganzen Raum überblicken kann, ohne zunächst selbst in das Blickfeld der Zuschauer zu geraten, verfügt er aus dem Hintergrund über den Raum.

Position von *Zeichnung 3*: Selbst im Mittelpunkt stehend, wird der Spielende zum Blickfang für die Zuschauenden. Souverän übersieht der Spielende einen großen Teil der Bühne.

Position von *Zeichnung 4*: Mit dem Rücken zu den Zuschauern erscheint der Spielende passiv, zu keiner Aktion bereit. Da er im Mittelpunkt steht, wird seine „Haltung" noch deutlicher als in Position 1.

Position von *Zeichnung 5*: Der Spielende scheint sich abwartend dem Raum gegenüber zu verhalten. Die Zuschauer haben die Möglichkeit, sich mit der Figur stark zu identifizieren.

Position von *Zeichnung 6*: Die Figur teilt den Raum. Der Raumteil im Rücken des Spielenden kann von ihm nicht beeinflußt werden, während der Raumteil, dem sich der Spielende zuwendet, Erwartungen in bezug auf eine Aktion weckt.

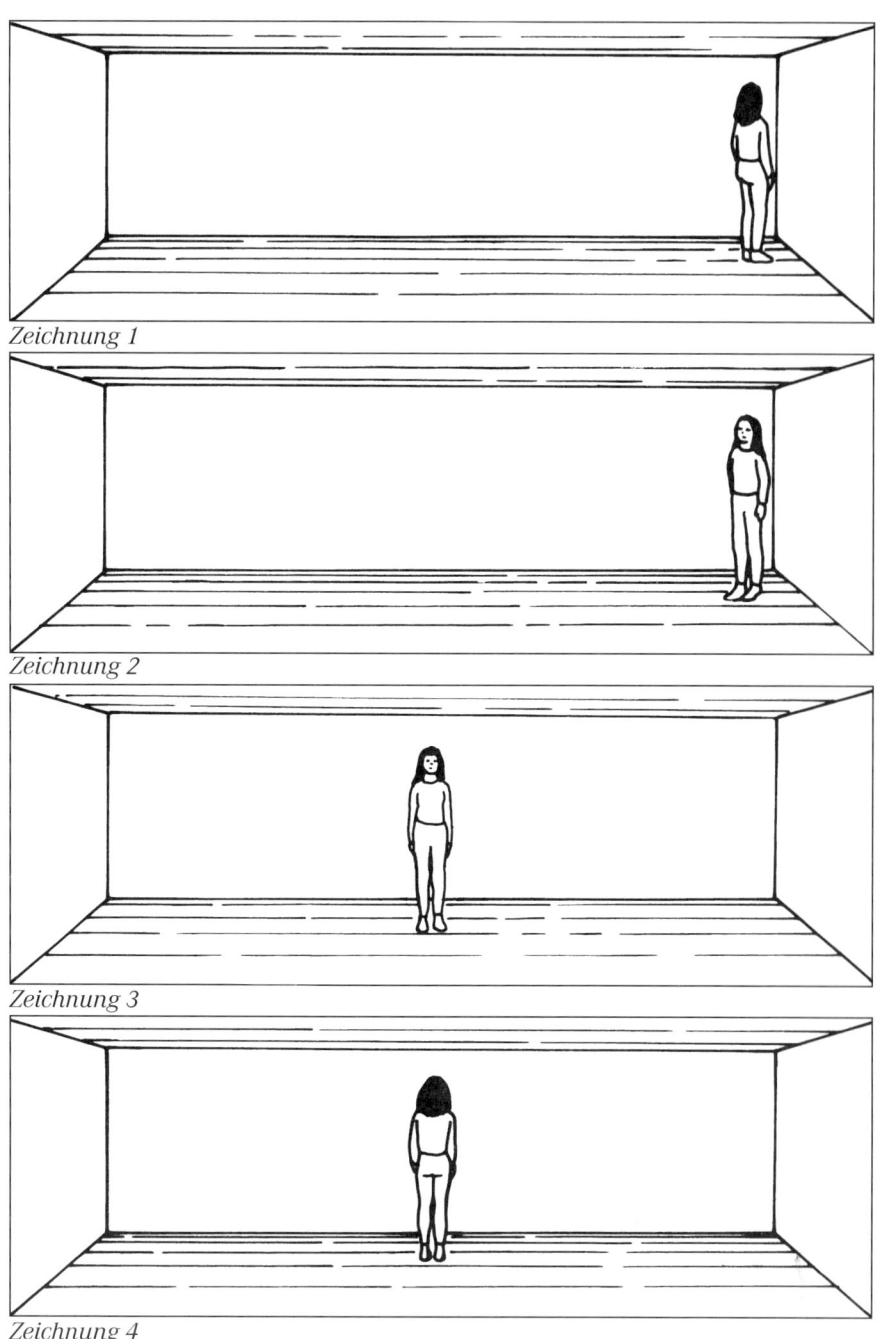

Zeichnung 1

Zeichnung 2

Zeichnung 3

Zeichnung 4

26

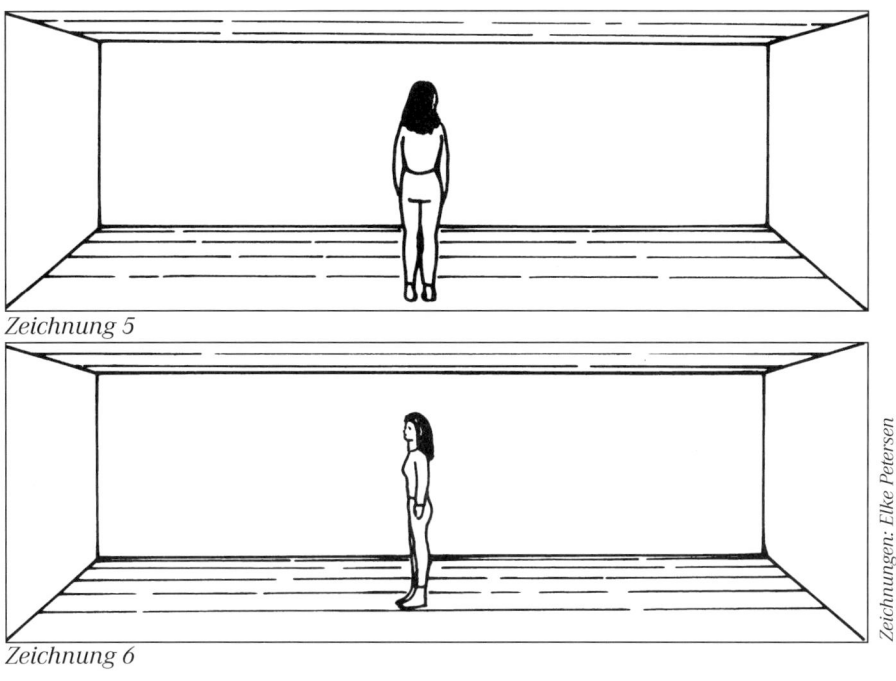

Zeichnung 5

Zeichnung 6

Zeichnungen: Elke Petersen

Dies sind nur einige Vorschläge. Es sollten weitere Varianten ausprobiert werden, hinsichtlich der Figur und ihrer Stellung im Raum und auch in einer anderen Körperhaltung: sitzend, liegend, hockend. Dabei wird sich immer wieder zeigen, daß dieser rein formale Aufbau immer mit einer Wirkung verbunden ist. Während bisher nur eine Figur im Raum zu sehen war und die Wirkung des Raumes auf den Spielenden bzw. die Wirkung des Spielenden auf den Raum, werden nun mehrere Figuren im Raum verteilt.

Versuch: Raum wahrnehmen und empfinden

Eine Hälfte der Spielgruppe schaut zu, während die andere sich auf der Bühne in folgender Weise aufstellt:
Alle verteilen sich unregelmäßig, aber raumfüllend auf der Bühne und nehmen eine klare senkrechte Haltung ein. Auf Zuruf legen sich dann alle auf den Boden.

Die Zuschauer äußern sich danach zu den unterschiedlichen Wirkungen, die die einzelnen Spielpositionen bei ihnen hervorgerufen haben: die stehenden Spieler und Spielerinnen gliedern den Raum, die Senkrechte des Raumes betonend, eine Konzentration schaffend, die Aktivität ausstrahlt. Im Gegensatz dazu wirken die Liegenden, die Waagerechte betonend, den Raum voll auf sich lastend, eher ruhig und passiv. Wichtig ist, daß die Spielenden erleben, wie Körper im Raum durch die Position und durch die Beziehung zum Raum das Verhältnis Figur – Raum für sich erleben, während das Publikum die unterschiedliche Wirkung deutlich erfährt.

27

Versuch: Bewegung im Raum I

● Ein/e Spieler/in steht in der linken Bühnenhälfte, den Blick geradeaus. Wirkung: der Bühnenraum wird nicht aktiv in Anspruch genommen. Der Blick der Zuschauer konzentriert sich auf den Körper (*Zeichnung 7*).

● Die Spielerin/der Spieler dreht den Kopf nach rechts. Wirkung: durch diese Bewegung wird der rechte Spielraum bewußt angesprochen. Die Zuschauer erwarten etwas (*Zeichnung 8*).

● Zwei Spieler/innen stehen frontal jeweils in der linken und rechten Büh-nenhälfte zum Publikum. Wirkung: Die Spielenden haben keinen Kontakt zueinander (*Zeichnung 9*).

● Die linke Person wendet den Kopf der rechten zu. Wirkung: die linke hat über den Bühnenraum hinweg eine Beziehung zur rechten aufgenommen (*Zeichnung 10*).

● Die rechte vollzieht die entspre-chende Bewegung. Wirkung: Beide Spieler/innen sind nur durch die Be-wegung des Kopfes in eine intensive Beziehung zueinander getreten (*Zeichnung 11*).

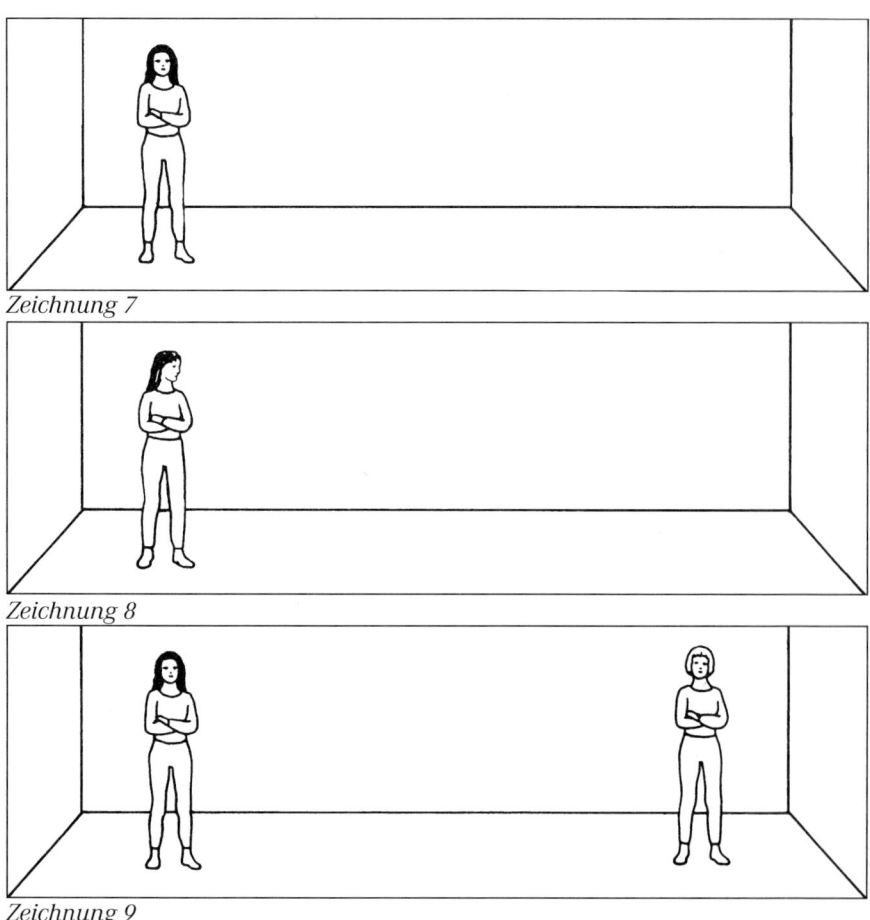

Zeichnung 7

Zeichnung 8

Zeichnung 9

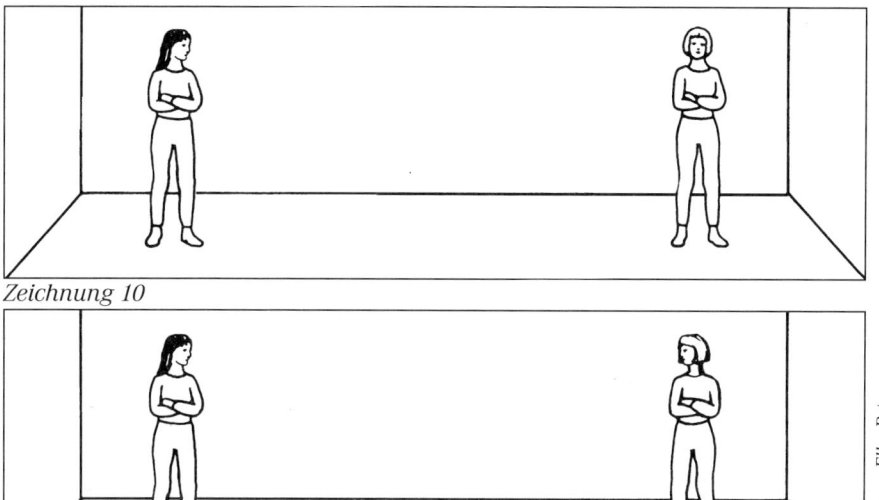

Zeichnung 10

Zeichnung 11

Zeichnungen: Elke Petersen

Versuch: Bewegung im Raum II
● Eine Hälfte der Gruppe postiert sich am hinteren Bühnenrand in senkrechter, straffer Haltung. Auf Zuruf gehen sie entschlossen zum Bühnenrand.
Wirkung: Bereitschaft und Aktivität – geschlossene Gruppenwirkung.
● Die Spieler/innen stehen, raumfüllend, unregelmäßig verteilt im Spielraum mit unterschiedlicher Ausrichtung des Körpers. Auf Zuruf gehen sie, ihrer Richtung entsprechend, durch den Raum. An den Wänden angekommen, drehen sie sich um und gehen zurück. Die Gänge werden mehrere Male wiederholt.
Wirkung: Unruhe, Dynamik – aber jede/r für sich. Die Zuschauer beobachten distanziert, aber werden durch die Bewegung der einzelnen miteinbezogen.
● Fünf stellen sich im linken mittleren Bühnenteil als Gruppe zusammen. Die Richtung ihrer Körper weisen auf den rechten Bühnenrand. Auf Zuruf gehen sie zum rechten Bühnenrand und verlassen die Bühne.
Wirkung: Geschlossenheit, die Gruppe bleibt für sich – Distanz zum Publikum. Der leere Raum läßt zum Schluß die Gruppe und ihre Bewegung noch deutlicher werden.

Gruppierung und Gänge
Diese ersten Überlegungen zur Einbeziehung des Raumes ins Spiel führen zu zwei wesentlichen Gestaltungselementen: Gruppierung und Gänge. So wie sich die Gruppe in den letzten Versuchen zeigte und wie sie den Raum für sich in Anspruch nahm, macht bereits eine Gruppierung deutlich.

Erprobung: Begegnung
Eine Gruppe von Personen steht auf der Bühne. Eine Person A kommt vorbei und erweckt das Interesse der Gruppe. A nimmt mit einer/einem aus der

Gruppe Kontakt auf, geht dann aber wieder. Die Gruppe geht ab, B bleibt zurück. Nach kurzer Zeit kommt C, eine/r aus der Gruppe, nimmt Kontakt zu B auf und pfeift. Die Gruppe kehrt zurück und nimmt ebenfalls Kontakt zu B auf. A kommt zurück.

Es bleibt der Spielgruppe überlassen, die Gruppierungen, Gänge und deren Verlauf zu gestalten. Zunächst muß eine Gruppierung für die Personen und ihre Stellung im Raum gefunden werden, dann der Gang für die Figur A usf. Es wird also nach und nach jede einzelne Situation entwickelt. Wie immer die inhaltliche Aussage der kleinen Geschichte aussehen soll, sie wird sich aus der unterschiedlichen Gruppierung und den Gängen entschlüsseln lassen müssen. Oder um es mit *Brecht* zu sagen: „Das Arrangement muß dem Rhythmus der Erzählung folgen und die Vorgänge bildhaft ausdrücken." Und nicht zu vergessen: Die inhaltliche Aussage der Geschichte wird natürlich auch beeinflußt durch Körperhaltung und Gestik der einzelnen Personen, die Art und Weise, wie sie gehen und sich bewegen.

Diese Erprobungsübung geht davon aus, daß mehrere sich zu einer Gruppierung finden. Auch wenn nur zwei oder drei Personen im Spielraum agieren, sind sie eine Gruppierung. Gerade hier wird die Bildhaftigkeit, von der *Brecht* spricht, besonders sinnfällig.

Erprobung: Tableau

Grundlage der Erprobung ist der Text von *Bertolt Brecht* „Der Ja-Sager". Der Beginn dieses Stückes verlangt folgende Gruppierungen, den Regieanweisungen des Textes folgend (vgl. *B. Brecht* 1987):

1. Der Lehrer in Raum eins, die Mutter und der Knabe in Raum zwei.
2. Er (der Lehrer) klopft an die Tür.
3. Der Knabe tritt aus Raum zwei in Raum eins.
4. Der Knabe ruft nach Raum zwei.
5. Sie (Knabe und Lehrer) treten in Raum zwei.
6. Der Lehrer geht ab.
7. Der Knabe folgt dem Lehrer nach Raum eins.
8. Die Mutter horcht an der Tür.

Diese kleinen Bilder beschreiben einen Vorgang, der von einer Situation bestimmt wird. Alle Mitspielenden werden innerhalb der Gruppe die eigene Rolle durch Haltung und Gestik herausfinden und darstellen müssen. Zugleich wird seine/ihre Gestik auf die anderen Spieler/innen und den Inhalt verweisen, so daß formal und inhaltlich eine Einheit entsteht. Die Stellung im Raum wird dabei wesentlich zur Wirkung beitragen. Durch Beleuchten bzw. Verdunkeln der einzelnen Bilder wird dieses kleine Szenarium unterstützt.

Reizvoll ist es, den Text zu den einzelnen Bildern von einem oder mehreren Sprechern oder Sprecherinnen vorlesen zu lassen.

Für diese Erprobung bieten sich ebenfalls Balladen an, z. B.: „Der Rattenfänger" von *Hannes Wader*, oder Märchen, wie das von den „Sieben Schwaben" (s. Foto S. 31). Sorgfältig geprobt, können sie zu einer eigenständigen kleinen Aufführung werden.

Möglich sind auch Gruppierungen, die ganz ohne thematische Vorgaben erstellt werden, stark metrische oder bizarre, deren inhaltliche Aussage vom Publikum entschlüsselt werden muß.

Die Tableaus sind ein wirkungsvolles Moment, um bei einer Inszenierung Beginn und Abschluß, Höhepunkte und Ruhepunkte zu markieren. Dieser Vorgang heißt „einfrieren" (freeze).

Foto: Foto-AG der Deutschen Schule Istanbul

Anmerkungen zur Zeit

Schon diese kleinen Übungen stehen in einem zeitlichen Ablauf. Bei der Erprobungsübung „Begegnung" lauten die ersten Anweisungen: eine Gruppe von Personen steht auf der Bühne, eine Person A kommt vorbei. Hier ist bereits zu fragen, wie lange die Gruppierung als Bild vom Publikum aufgenommen werden soll, ehe A auftritt. Auch der Gang der Person A über die Bühne (langsam – schnell, wie langsam? – wie schnell?) verleiht dem Ablauf der Szene Wirkung, gibt ihr einen unterschiedlichen Sinn.

Wie der Raum, so kann auch die Zeit zum Freund oder Feind der Spielenden werden. Die Zeit, die für eine Geste oder Bewegung gebraucht wird, gibt der Bewegung über ihre Bedeutung hinaus einen Empfindungswert. Es ist von entscheidender Wirkung auf die Empfindung der Zuschauer, wie lange die Gruppe auf der Bühne verharrt, bevor A auftritt. Zunächst wird ein Spannungsmoment entstehen, das – je länger es anhält – bei den Zuschauern verschiedene Empfindungen auslöst. Tritt die Person A sehr schnell auf, wird das Spannungsmoment nicht eintreten. Erst ein gewisser Zeitablauf ruft Empfindungen wach. Der sinngemäße, d. h. der dem Geschehen angemessene Einsatz der Zeit, führt zur Wirkungssteigerung.

Bei der „Mimischen Kette" haben wir festgestellt, daß die Fahrigkeit der Bewegungen die Aussagen nicht verdeutlichte. Ein Bewegungsablauf muß gegliedert werden, wenn er verstanden werden soll. Gliederung bedeutet hier, einzelne Bewegungsvorgänge gegeneinander abzusetzen, d. h. Pausen zu machen.

31

Spiel mit dem Requisit

Training

● Stäbe

Alle bekommen einen Gymnastikstab, gehen durch den Raum und werfen sich nach Blickkontakt die Stäbe gegenseitig zu mit zunehmender Steigerung des Tempos. Die Mitspielenden stehen im Kreis und werfen sich gegenseitig die Stäbe zu. Die Abfolge ist nicht festgelegt. Sie ergibt sich durch Blickkontakt, da nur jeweils ein Paar zur Zeit die Stäbe wechselt. Volle Konzentration der gesamten Gruppe ist wichtig.

● Tasten

Alle sitzen im Kreis, mit dem Rücken nach innen, die Hände auf dem Rükken. Die Spielleitung läßt nacheinander Gegenstände mit unterschiedlichen Formen und Oberflächenstrukturen herumgeben. Jede/r ertastet den Gegenstand und gibt ihn weiter. Am Ende werden alle Gegenstände in der Mitte des Kreises zur Besichtigung aufgebaut. Während der Übung darf nicht gesprochen werden.

Variation als Paarübung:

○ A ist der/die Blindenführer/in, B blind. A führt B durch den Raum und läßt ihn/sie unterschiedliche Gegenstände und Materialien im Raum ertasten.

● Stuhl

Alle sitzen auf Stühlen im Kreis, nacheinander nehmen die Mitspielenden eine unterschiedliche Position auf und auch unter dem Stuhl ein. Dabei sind zwanzig Varianten leicht zu finden, von Arten und Unarten, Posen und Balanceakten.

Das Spiel mit dem Requisit

Die einfachste und wohl auch sinnvollste Übersetzung des Wortes „Requisit" ist „Spielgegenstand". Denn der Gegenstand ist nicht um seiner selbst willen auf der Bühne, er hat vielmehr die Aufgabe, auf seine Art das Spiel zu bereichern – durch seine Form, seine Farbe, sein Material, auch durch seinen Klang. Beispiele dafür sind das Klingen der Gläser, das Scheppern der Milchkanne oder das Klirren der Ketten. Die Wirkungen des Gegenstandes geben ihm seine Eigenheit. Sie übernimmt ihren Part im Spiel; das gilt für ein Kreuz ebenso wie für eine Flasche. Der Gegenstand ist andererseits ein Ding, mit dem gespielt wird. Das Requisit wird zum Spielpartner, der das Spiel mitbestimmt. Ob beispielsweise eine Figur mit einer Sekt- oder einer Milchflasche auf die Bühne kommt, und wie sie mit ihr umgeht, läßt beim Publikum unterschiedliche Erwartungen in bezug auf die Figur aufkommen. Denn alles, was auf der Bühne steht, hat seine Bedeutung, so auch jeder Gegenstand. Wir wollen nun untersuchen, welche Aufgabe ihm in unserem Spiel zukommt und welche Funktionen er übernehmen kann.

Versuch: Vorstellen eines Gegenstandes

Alle sitzen im Kreis, in der Mitte stehen eine Plastikeinwegschüssel, ein Porzellanteller mit Dekor und ein grober Steingutteller (oder ein Sektglas, Bierhumpen, Plastikbecher). Die Mitspielenden beschreiben, woran sie diese Gegenstände erinnern, in welchem Zusammenhang sie Verwendung finden können. Die verschiedenen Äußerungen werden deutlich machen, daß jeder Gegenstand Signale aussendet, die vom Betrachter automatisch entschlüsselt werden. So wird ein Porzellanteller genauso wenig in einer Imbißbude zu finden sein wie ein Steingutteller auf einem eleganten Empfang. Das zeigt, wie wichtig Sensibilität bei der Auswahl der Gegenstände ist.

Erprobung: Beziehung des Spielenden zum Gegenstand

Auf dem Boden liegen Einkaufstüten verschiedenster Art, von der verknüllten Plastiktüte eines Supermarktes bis zur eleganten Tragetasche eines Modegeschäftes. Es werden zwei Gruppen gebildet, alle suchen sich eine Tüte und überlegen sich, welche Figur sie mit dieser Tüte darstellen wollen. Nacheinander geht jede/r, in Haltung und Gangart seiner Figur, einzeln ohne den Gegenstand abwechselnd von links und rechts auf die Bühne und nimmt eine, seiner Figur entsprechende Haltung ein, so daß zum Schluß ein Tableau in der Mitte der Bühne entsteht. Danach wird der Vorgang mit dem Gegenstand wiederholt.

Die zuschauende Gruppe äußert sich jeweils zu der Wirkung der einzelnen Figuren. Dabei wird deutlich werden, daß der Gegenstand die Figuren noch stärker charakterisiert. Er verdeutlicht, was für eine Figur dargestellt wird. Der Gegenstand hilft dem Spielenden, die eigene Rolle deutlich zu machen. Er unterstützt das Spiel und wird so zum Mit-Spieler. Dabei werden die Spielenden gemerkt haben, daß jeder Gegenstand optische, haptische und akustische Qualitäten hat: Eine Plastiktüte fühlt sich anders an und gibt andere Geräusche ab als eine Papiertüte oder gar eine Tüte aus Stoff.

Damit sind wichtige Eigenschaften des Requisits erkannt: es ruft aufgrund seiner Eigenheit (Form, Farbe, Material, Klang) beim Betrachtenden Gedanken und Empfindungen wach. Diese hängen wiederum vom jeweiligen Erlebnispotential ab, ob und inwieweit er/sie in der Lage ist, aufgrund von Psyche, Erlebnissen, Herkunft, Bildung usw. die Aussage des Gegenstandes zu „lesen". Deshalb ist es nicht gleichgültig, wie das Requisit beschaffen ist, das im Spiel eingesetzt wird. Im Gegenteil: Die Auswahl der Requisiten kann nicht sorgsam genug sein, da es das Spiel verdeutlicht, steigert oder auch unklar werden läßt.

Erprobung: Requisit und Empfindung

Die Spielleitung schreibt auf je einen Zettel unterschiedliche Nachrichten, z. B. eine polizeiliche Verwarnung, eine Todesnachricht, einen Liebesbrief, einen Lottogewinn, einen Abschiedsbrief oder ein schlechtes Zeugnis. Alle Mitspielenden erhalten einen Briefumschlag. Sie sollen nun versuchen, die Empfindung zu spielen, die sie beim Erhalten und dem Lesen dieser Nachricht verspüren. Dabei sollen sie sich nicht zu schnell für eine Lösung entscheiden, sondern das Requisit (Briefumschlag) zunächst durch Tasten, Riechen, Herstellen von Geräuschen näher kennenlernen. So können sie die Möglichkeiten des Gegenstandes genauer erkunden. Die Spielenden zeigen ihre Lösung, die Zuschauenden sagen, was sie wahrgenommen haben und versuchen so, die Nachricht zu entschlüsseln.

An diesen Szenen wird deutlich, daß allein das Öffnen eines Briefes die innere Verfassung einer Figur zeigen kann. Dies wird nur glaubhaft sein, wenn die Spielenden aus ihrer Körpermitte heraus agieren und sich bemühen, gängige Klischees zu umgehen.

Das Requisit als Gegenspieler

Auch in der folgenden Übung ist das Requisit Spielpartner, nur wird ein anderer Umgang mit dem Gegenstand untersucht.

Ein verändertes Spiel mit dem Requisit ergibt sich, wenn wir den Gegenstand im wörtlichen Sinne als etwas, was einem entgegensteht, auffassen. Diese Möglichkeit benutzen z. B. *Charly Chaplin* und auch *Samuel Beckett*, wenn sie in ihren Produktionen die „Tücke des Objekts" zum Gegenstand im doppelten Sinne werden lassen. (siehe Karikatur von *Fritz Wolf*, S. 35.)

Erprobung: Requisit als Gegenspieler

Zwei Gruppen bekommen den Auftrag, kleine Szenen mit Gegenständen zu erarbeiten, z. B. mit Koffern, Stühlen, Ofenrohren, Schläuchen, Regenschirmen, Stäben, Notenständer. Diese sind dann Gegenspieler. So könnte das Aufstellen eines Notenständers, das Zusammensetzen eines Ofenrohrs, das Schließen eines Koffers der Figur zum Verhängnis werden – in komischer, grotesker oder sogar in tragischer Weise.

Das Requisit als Metapher

Wie läßt sich die Realität eines Gegenstandes in übertragener Bedeutung ins Spiel bringen? Während bei den vorangegangenen Betrachtungen über den Gegenstand die genaue Entsprechung des Requisits zur Szene die Qualität des Spiels ausmacht, wird in diesem Fall die phantasievolle, aber überzeugende Umwandlung oder „Übersetzung" eines Gegenstandes die Qualität des Spiels bestimmen.

Versuch: Spiel mit dem Tuch

Alle Mitspielenden sitzen im Kreis. In der Mitte liegt ein ca. drei mal sechs Meter langes Tuch. Zunächst wird gemeinsam das Tuch betrachtet. Wem eine Handlung einfällt, geht in die Mitte und führt sie vor. Danach zeigt ein anderer seine Idee. Auch zwei Personen gleichzeitig können etwas vorführen. Während der ganzen Zeit darf nicht gesprochen werden.

Die Spielleitung notiert sich die einzelnen Spielideen, z. B.: Beutel, Fluß, Schleppe, sorgfältig zusammengelegtes Stoffpaket, Schwebebalken, Schlange, Sonnenmatte. Am Ende trägt sie vor, was sie gesehen hat. Im gemeinsamen Gespräch wird nun geklärt, in welcher Weise das Tuch benutzt wurde und welche Beziehung die Figur zu dem Tuch hatte. Damit die Übersetzung auch wirklich funktioniert, sollte besondere Sorgfalt auf die Erforschung der optischen und akustischen Qualität der einzelnen Objekte gelegt werden.

Erprobung: Requisit als Metapher

Mit Umzugskartons soll eine kleine Szene entworfen werden, in der dieser Gegenstand, auch in der Mehrzahl, als Metapher eingesetzt wird (z. B. als Rüstung, Mauer, Tunnel, Haus, Bienenwaben, Boot). Die Vielfalt der Umdeutungen führt gerade bei dieser Erprobung zu verblüffenden Wirkungen. Für alle Erprobungsübungen gilt, daß sie sich, – genauer ausgearbeitet, – gut für eine kleine Arbeitspräsentation eignen.

Das zeichenhafte Requisit

In der Praxis kommt es vor, daß Gegenstände nicht real im Spiel erschei-

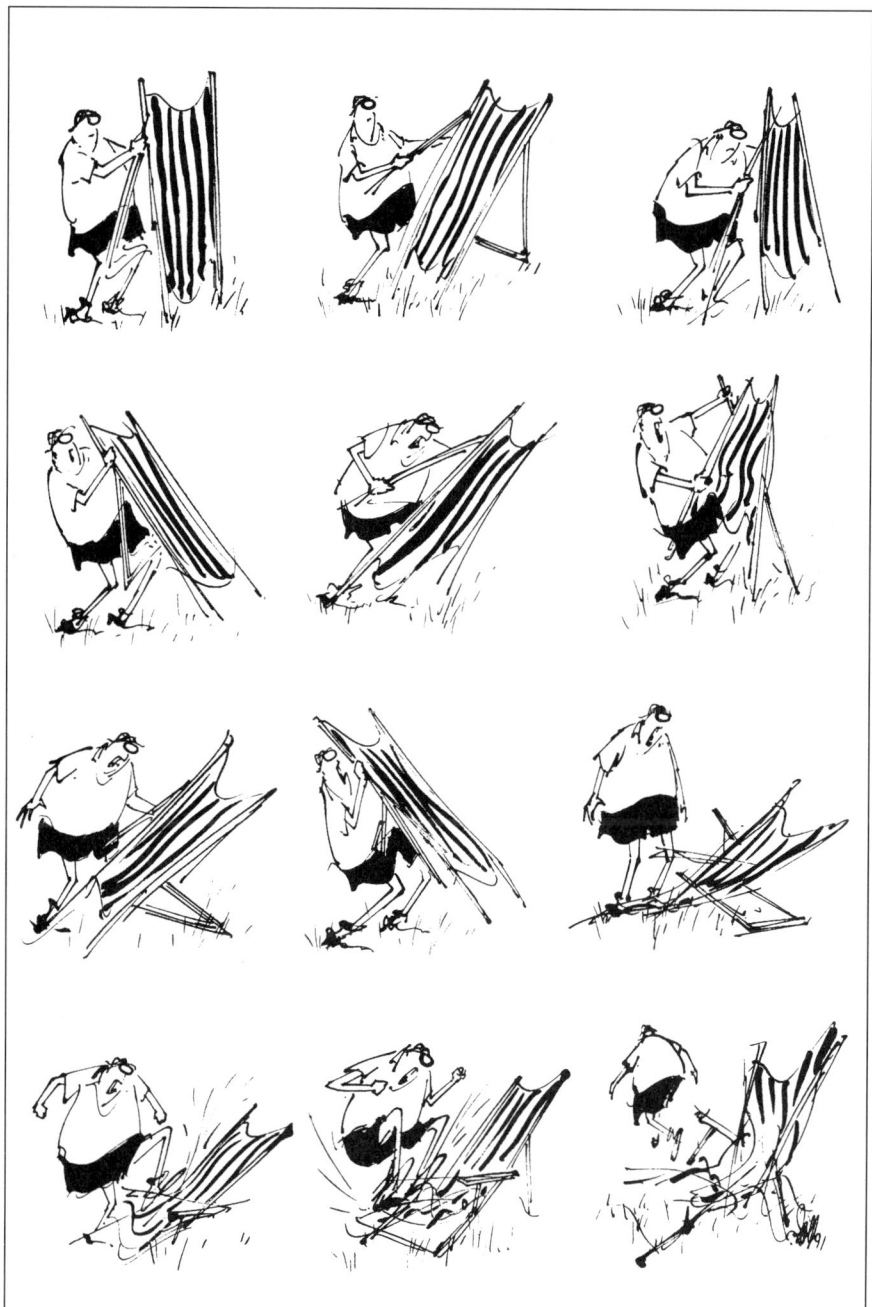

Fritz Wolf: „Kein Platz an der Sonne". Karikatur im „Stern".

nen können, weil sie nicht beschafft werden konnten. Deshalb werden sie nur angedeutet. Dabei handelt es sich um Gegenstände, die – aus Pappe oder Styropor ausgeschnitten und bemalt, – einen Gegenstand bezeichnen. Hier bleibt vom Gegenstand nur die Signalwirkung übrig. Solche Requisiten eignen sich besonders für stark überzeichnete Szenen. Im Kabarett, aber auch im Kindertheater kann gerade diese Form der Gegenstände einen besonderen Charme entwickeln, der die Naivität des Spiels unterstreicht. Das Requisit wird dann von überzeugender Wirkung sein.

Requisit – Raum und Zeit

Wenn der Gegenstand als Mitspieler anerkannt wird, müssen ihm auch die gleichen Möglichkeiten wie den anderen Mitspielenden zugebilligt werden, daß heißt, auch ihm müssen Raum und Zeit zur Verfügung stehen.

● Versuch 1:
Ein Stuhl wird an verschiedenen Stellen der Bühne placiert, genauso wie schon die Spielenden im Raum (vgl. S. 26 ff.). Auch beim Stuhl werden ähnliche Wirkungen erreicht.

● Versuch 2:
Ein Stuhl steht in der Mitte auf der Bühne. Mit Aufgehen des Vorhangs kommt ein/e Spieler/in und setzt sich

auf den Stuhl, oder er/sie wartet mindestens 15 Sekunden, bevor er/sie die Bühne betritt und sich auf den Stuhl setzt. Dabei bietet es sich an, ihn/sie in verschiedenen Tempi und Gangarten (schleichen, stürzen, schlendern) auf die Bühne kommen zu lassen.
Die Wirkung der Vorgänge ist sehr verschieden. Während im ersten Fall das Publikum kaum die Möglichkeit hat, den Gegenstand wahrzunehmen, wird ihm im zweiten Fall Zeit und Ruhe gelassen, den Stuhl zu betrachten. Zudem entsteht hier bei den Zuschauern eine Erwartungshaltung, gerade weil sie die Zeit haben, den Stuhl in Beziehung zu seinem Umfeld zu sehen. Erst durch die Zeit hat der Gegenstand die Möglichkeit, sich in seiner Eigenheit zu präsentieren und auch den Verlauf der Szene zu bestimmen.

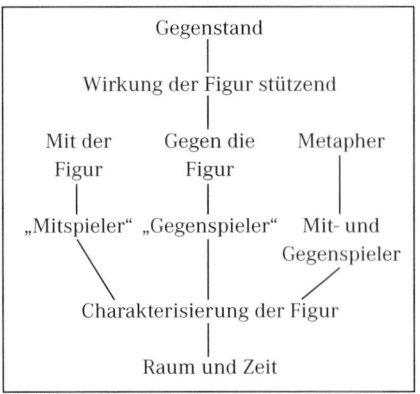

36

Wort, Bewegung und Raum

Training

● Zwerchfellatmung

Alle Mitspielenden sitzen mit angezogenen Knien auf dem Boden, den Kopf auf die Knie gelegt, und konzentrieren sich auf ihre Atmung.

● Atemstützübung

Alle stehen im Raum, atmen tief aus, in diesem Zustand so lange wie möglich verharren, dann erst tief einatmen verharren – und atmen. Wiederholen.

Variation: nach dem Ausatmen Bauch- und Darmmuskulatur zusammenziehen, entspannen und wieder einatmen.

● Kutscher

Die Mitspielenden hocken in gebeugter Haltung, vergleichbar einem Kutscher, der auf seinem Bock sitzt. Sie atmen langsam ein, atmen aus auf den Konsonanten „f". Atmen ein, atmen aus auf „p, t, k". Wiederholung der Übung.

● Begrüßung

Alle gehen durch den Raum. Wenn sich Mitspielende begegnen, begrüßen sie sich, indem sie den eigenen Körper von Kopf bis Fuß durchschütteln und dazu einen Urlaut wie z. B. „huuuaaahhh" von sich geben.

● Silbenreise

Alle stehen im Kreis. Die Spielleitung reißt den rechten Arm bis in Hüfthöhe nach vorne, stößt die Silbe „ma" aus, läßt den Ton weiterklingen und wendet dabei den Arm seinem rechten Nachbarn zu. Dieser nimmt die Silbe, den Ton und die Bewegung auf und gibt sie an den nächsten weiter. Wenn der Ton beim dritten Spieler angekommen ist, schickt die Spielleitung in

gleicher Weise die Silbe „me" auf die Reise. Es folgen entsprechend „mi", „mo", „mu".

● Persische Pfirsiche

Alle gehen leicht gebeugt, die Arme vor dem Körper verschränkt, als trügen sie viele Früchte. Auf Klatschzeichen schleudern sie den rechten Arm hoch in die Luft und rufen: „Persische Pfirsiche", „Persische Pfirsiche". Wiederholung der Übung, dann kleinere Bewegung, flüsternd: „Persische Pfirsiche" . Wiederholung mit lautem Ton usf.

● Namen nennen

Alle gehen durch den Raum. Die Spielleitung sagt an: Sprich deinen Namen neutral in gemäßigter Lautstärke. Sprich ihn wütend, laut, drohend, zerknirscht, zärtlich, weinerlich und wieder neutral. Finde zu den einzelnen Klangfarben eine entsprechende Körperhaltung. Steigere sowohl die Artikulation wie auch die Haltung ins Große hinein, verkleinere sie wieder.

● Sommernachtstraum

Die Spieler gehen durch den Raum. Die Spielleitung gibt folgenden Text in die Gruppe.

„Ich lieb dich nicht. Verfolge mich nicht mehr. Du ziehst mich an, hartherziger Magnet."

Auf Klatschzeichen bleiben alle wie angewurzelt stehen. Die Spielleitung fordert einen Spieler (A) auf, die ersten zwei Zeilen im Gehen zu sprechen. Eine zweite Spielerin (B) soll nun A folgen, dabei die letzte Zeile sprechend. A tickt eine/n anderen Spieler/in (C) an, A bleibt stehen, C übernimmt den Text von A. B tickt D an. Es gibt neue Verfolgungen mit

demselben Text. Tempo, Bewegung und Haltung werden dabei ständig verändert. Das Spiel geht so lange, bis alle dran waren.
Variation in slow motion.

● Bärenjagd

Alle stehen in lockerer Haltung im Kreis. Die Gruppe wiederholt den Text und die Bewegungen der Spielleitung:

Spielleitung: „Wir gehen heut auf Bärenjagd."
Er marschiert.
Die Gruppe wiederholt.
Spielleitung: „Und wir haben gar keine Angst."
Dazu marschieren.
Die Gruppe ...
Spielleitung: „Denn wir haben ein Messer."
Pantomimisches Zeigen des Messers.
Die Gruppe ...
Spielleitung: „Und ein Gewehr."
Pantomimisches Zeigen des Gewehrs.
Die Gruppe ...
Spielleitung: „Hu, was ist das?"
Erschreckt stehenbleiben.
Die Gruppe ...
Spielleitung: „Ein Wald."
Die Gruppe ...
Spielleitung: „Da können wir nicht drüber."
Weitausladende, entsprechende Bewegung.
Die Gruppe ...
„Da können wir nicht drunter."
Entsprechende Bewegung.
Die Gruppe ...
„Da müssen wir durch!"
Ausgestreckter Arm mit erhobenem Daumen.
Die Gruppe ...
Spielleitung und Gruppe schleichen durch den Kreis (Wald) zur gegenüberliegenden Seite und rufen zum Gehrhythmus: „Knick, knack, knick, knack ..."

Die Gruppe ...
Spielleitung dreht sich zur Kreismitte: „Geschafft!"
Die Gruppe ...

Spielleitung: „Wir gehen heut auf ..."
Text und Bewegung wie oben bis „Hu, was ist das?"
Spielleitung: „Ein Sumpf."
Die Gruppe ...
Spielleitung: „Da können wir nicht drüber."... (wie oben)
Die Gruppe ...
Spielleitung watet durch den Kreis (Sumpf): „Knietsch, knatsch, knietsch, knatsch ..."
Spielleitung: „Geschafft!" (s. o.)

Spielleitung: „Wir gehen heut auf ..." (wie oben)
Spielleitung: „Ein See."
Spielleitung: „Da können wir nicht drüber."... (wie oben)
Spielleitung schwimmt durch den Kreis (See): „Plitsch, Platsch, plitsch, platsch ..."
„Geschafft!"

Spielleitung: „Wir gehen heut ..."
„Eine Höhle."
„Da können wir nicht drüber."
„Da können wir nicht drunter."
„Da müssen wir rein."
Alle zusammen gehen in die Mitte des Kreises, Hände vor die Augen haltend. In der Mitte des Kreises, eng zusammen, ertasten sie die anderen Spielenden.
Spielleitung: „Es ist weich." Die Gruppe ...
„Es ist warm." Die Gruppe ...
„Es ist pelzig." Die Gruppe ...
„Hu, der Bär!" Die Gruppe ...
Die Gruppe läuft auseinander und dann in den Kreis zurück.
Spielleitung: „Zurück durch den See – plitsch, platsch."

„Zurück durch den Sumpf – knietsch, knatsch!"
„Zurück durch den Wald – knick, knack!"
„Geschafft!"
Ende   (mdl. überliefert, Volksmund)

·Wenn es gelingen soll, erfordert dieses Spiel äußerste Konzentration, kindliche Hingabe und philosophische Heiterkeit. Dies ist eine der schönsten Übungen, die sich besonders auch zur Lockerung vor einer Aufführung eignet.

Wort, Bewegung und Raum

Der Einsatz der Stimme, und damit eng verbunden das Sprechen erscheint den Spielenden fast noch selbstverständlicher zu sein als der Einsatz ihres Körpers, weil eine bewußte Auseinandersetzung mit der Stimme, unserem Sprechausdruck im alltäglichen Leben kaum stattfindet und nur selten reflektiert und analysiert wird.
Sprechen ist zugleich auch Sprache. Unsere Sprache ist Ausdruck und Darstellung von Gedanken, Gefühlen und Willensregungen durch Laute und gefügte Worte.
Das Sprechen ist zum einen ein technischer Vorgang, zum anderen muß das Wort in seiner Bedeutung erkannt werden, um es situationsgerecht einzusetzen. Ähnlich wie bei der Körpersprache gilt es, das Empfinden für die eigene Stimme, für das Sprechen und für die Sprache zu entwickeln.
So sehr das Theater von optischen Signalen lebt, seine größte Differenziertheit erreicht es durch die Sprache. Dabei kann es nicht genug sein, einen Text hersagen zu lassen. Mit den vielfältigen Möglichkeiten des Sprechens muß bewußt gestalterisch umgegangen und dadurch der Text lebendig werden. Unsere Aufgabe ist

es also, das Empfinden für die eigene Stimme, für das Sprechen und die Sprache im Hinblick auf den Einsatz im Spiel zu wecken. Es geht nicht darum, bis ins einzelne die technischen Voraussetzungen für das Sprechen zu erkunden, zumal ein wirklich guter Sprechunterricht individuell ansetzt und planvoll, stetig geübt und durchgeführt werden muß, wenn er Erfolg haben soll. Sprechen soll hier vor allem als ein gesamtkörperlicher Vorgang begriffen werden, der immer situationsbezogen ist. Aus der Komplexität Sprechen, Sprache, Körper wählen wir zunächst den akustischen Vorgang aus.

Atmen und Stimme

Die Selbstverständlichkeit, mit der die Spielenden mit der Stimme umgehen, wird, sobald sie sich bewußt mit ihr auseinandersetzen, gehemmt werden. Deshalb ist es wichtig, erste Übungen mit der ganzen Gruppe zu machen und in kleine Schritte zu gliedern. So können Hemmungen eher abgebaut und der komplexe Vorgang einsichtiger werden. Zu Beginn konzentrieren wir uns darauf, das Atmen und die Stimme als Klangerzeuger zu benutzen. Wir setzen also bewußt auf das akustische Signal, um die Spielenden für die vielfältigen stimmlichen Möglichkeiten ihres Körpers zu sensibilisieren. Die folgenden Versuche sollen ihnen zunächst nur den Vorgang des Atmens und Lautbildens erfahrbar machen.

Versuch: Atem und Laut
● Alle laufen im Raum, wenn möglich durch das ganze Gebäude. Sie legen sich flach auf den Boden, Hände auf den Bauch. Dabei kommt es darauf an, nicht aktiv und bewußt zu atmen, sondern den Atem ein- und ausströmen

zu lassen und dem Atemfluß konzentriert zu folgen.

● Nun stehen alle auf, nehmen eine entspannte, aufrechte Grundhaltung ein und atmen gleichmäßig ein und aus. Beim Ausatmen werden die tiefen Vokale a, o, u geformt, danach die hohen Vokale i, ü.

● Jetzt gehen alle durch den Raum. Alle gehen auf Zehenspitzen und formen dabei die Silben „nü – ne – nü – ne ...“

Alle setzen den ganzen Fuß fest auf den Boden, die Knie gebeugt, gehen langsam und formen dazu die Silbe „wa – wa – wa ...“

Watschelgang, die Arme am Boden schleifen lassen, formen dabei den Vokal „i“ hoch und lang, richten sich auf und stoßen dabei den Vokal „o“ tief und kurz aus.

● Alle bleiben stehen, klopfen sich beim Ausatmen auf den Brustkorb und formen dabei die Vokale.

● Die Mitspielenden werden in vier Gruppen geteilt. Die erste Gruppe sagt die Buchstaben e, ö, o, indem sie versucht, diese Laute möglichst zärtlich zu artikulieren. Die zweite sagt die Buchstaben a, e, i, verächtlich gesprochen. Die dritte Gruppe sagt monoton: ongu-ungu und die vierte wehmütig: i – u. Jede Gruppe spricht zunächst ihren Part vor. Nun läßt sich mit allen ein kleines „Orchester“ aufbauen, indem die Spielleitung dirigierend die vier Gruppen dynamisch steigert, eine Gruppe vorsichtig zurücknimmt, eine andere hervorhebt, zwei Gruppen gegeneinanderstellt usw.

Wichtig bei all diesen Übungen ist, das Atmen und Lautgeben bewußt zu erleben und den Zusammenhang zwischen Körper und Stimme zu erfahren. Was die Sprechtechnik anbetrifft, wollen wir hier nur auf zwei Grundregeln verweisen:

● Es soll möglichst weit vorne gesprochen werden, um die Buchstaben in ihrer Eigenart klingen zu lassen.

● Beim deutlichen Sprechen läßt sich feststellen, daß die Vokale ausgeatmet und die Konsonanten „gekaut“ werden.

Abgesehen davon können in dieser Übungsfolge die Mitspielenden erfahren, wie sich durch einfache Bewegungen der Klang der Vokale verändert und der Brustkasten zum Resonanzkörper wird.

Erprobung: Stimme und Laut als Klangerzeuger

Gruppen mit fünf bis acht Mitspielenden erhalten unabhängig voneinander die Aufgabe, Laute zu produzieren, die die akustische Atmosphäre eines Märchenwaldes, einer Fabrik, eines Hafens aufkommen lassen. Bei der Vorstellung der Ergebnisse dürfen sie selbst nicht zu sehen sein. Das Publikum soll das Thema erraten. Es empfiehlt sich, diese Übung bei der Vorstellung auf Tonband festzuhalten.

Beim Ausprobieren der Laute und beim Abhören des Tonbandes läßt sich erleben, wie reich und vielfältig die Skala der eigenen Lautbildungen ist. Die Aktiven verlieren dabei auch die Scheu, die Stimme zu benutzen und sie sogar für ungewöhnliche Laute einzusetzen. Klangfülle, Klangfarbe, Tonfall, Tonhöhe und Dynamik, die wesentlichen Elemente der Lautbildung, werden hier zum ersten Mal erfahren. Diese Übung läßt sich gut in einem Stück, das solche Stimmungsbilder verlangt, einsetzen.

Versuch: Stimme, Emotion und Bewegung

Alle Mitspielenden gehen durch den Raum, die Spielleitung zählt einen Dreiertakt laut vor, 1 – 2 – 3, (Sprung).

Beim Hochspringen rufen alle laut und kräftig die Silbe „he". Nach mehreren Durchläufen erfolgt eine neue Anweisung: sie „finden" einen Baum. Mit kräftigen Bewegungen und dem Ausruf „he" soll der Baum gefällt werden. (Fester Stand, Bewegung aus der Körpermitte heraus). Als nächstes „treffen" sie auf eine Katze, heben sie auf und streicheln sie mit der Silbe „he".

Bei dieser Übung werden die Aktiven feststellen, wie die körperliche Bewegung die Lautbildung stark beeinflußt. Die Silbe „he" kommt in ihrer unterschiedlichen Klangfarbe, Klangfülle, Tonhöhe, Dynamik und ihrem Tonfall wie selbstverständlich aus dem Körper heraus.

Bei dem „Buchstaben-Orchester" und in dieser letzten Übung ist neben der Lautbildung auch eine Emotion vorgegeben. Die folgende Übung wird den Zusammenhang zwischen Emotion und Lautbildung noch deutlicher machen.

Erprobung: Spiel mit Lauten
Für diese Aufgabe brauchen wir folgenden Text:

Ong, dong, dreoka
lembo, lembo seoka.
Seoka di tschipperie,
tschipperie di kolibri.

(Text: Ergebnis einer Gruppenarbeit mit Studenten des Orff-Instituts, Salzburg)

Um den Text zu lernen, gehen die Mitspielenden durch den Raum und die Spielleitung spricht Zeile für Zeile vor. Alle wiederholen, bis sie den Text aufgenommen haben. Danach ziehen sie Kärtchen, auf denen die unterschiedlichsten Situationen vorgegeben sind: Streit im Treppenhaus, wissenschaft-

liche Diskussion, Liebeserklärung auf der Parkbank, Fahrt mit der Achterbahn, beim Zahnarzt, im Fremdsprachenunterricht, der verpaßte Bus. Aufgabe soll sein, mit dem erlernten Text diese Situation klanglich darzustellen. Beim „Vorführen" dieser Szene ist für das Publikum niemand zu sehen. Dadurch konzentriert es sich stärker auf die akustische Wirkung und errät so die Situation. Die kleine Szene gewinnt an Intensität, wenn Körper und Geste mit einbezogen werden.

Erprobung: Sprechen, Bewegung, Raum, Situation
Hier geht es darum, in das Sprechen Raum und Bewegung einzubeziehen, d. h. eine Szene zu entwerfen, die den Text als Grundlage einer Darstellung benutzt. Dabei sollen Körperhaltungen und Gestik sowie Bewegung im Raum mit dem Sprechen des Textes zu einer geschlossenen Szene werden. Die Spielleitung sollte den Mitspielenden immer wieder sagen, wieviel sie bereits über Haltung, Gestik und Bewegung im Raum wissen. Texte aus der konkreten Poesie eignen sich erfahrungsgemäß besonders gut für diese Übung. Sie verlangen nicht unbedingt für ihre Umsetzung eine differenzierte, realistische Spielidee. Grobe Figurenzeichnungen reichen völlig aus, um den Text lebendig werden zu lassen. Aus der Vielzahl der Texte sollen hier nur zwei Beispiele vorgestellt werden:

---

signal
blöö   ba – b**uu**
blöö   ba – b**uu**
blöö   ba – b**uu**
blöö   ba – b**uu**
blöö   ba – b**uu**
etc. (Schluß evt.: [ch] ääää)

(Ernst Jandl 1978, S. 36)

Denkbar sind z.B. folgende Szenen: eine Gruppe Indianer schleicht sich an ein ihnen unheimliches Objekt. Zwei feindliche Gruppen begegnen sich. In einem Modesalon Kleidungsstücke probieren.

Simultangedicht

kaa gee dee

kaa gee dee	takepak	tapekek
katedraale	take	tape
draale	takepak	kek kek
kaa tee dee	takepak	tapekek
katedraale	take	tape
draale	takepak	kek kek

(alle:)	oowenduumiir

kaa tee dee	takepak	tapekek
katedraale	take	tape
draale	takepak	kek kek

didiimaan	- - - - -	didiimaan

	diimaan

(alle:)	aawenduumiir

(Kurt Schwitters 1973, S. 30)

Dieser Text von *Kurt Schwitters* könnte beispielsweise als Grundlage für ein politisches Streitgespräch, eine Maschine oder zwei Marktschreier verwendet werden.

Vorstellung: Der eigene Stimmausdruck

Nacheinander sagen alle Mitspielenden den Satz: „Der Wagen steht an der kleinen Gartenpforte" (ohne jede weitere Anweisung) zu ihrem Nachbarn. So wie jeder Körper eine ihm eigene Aussage besitzt, so hat auch jede Stimme eine ihr eigene Wirkung, die sich von den anderen durch Klangfülle, Tonfall, Klangfärbung, Tonhöhe und Dynamik unterscheidet. Durch den Stimmausdruck läßt sich also ebenfalls ein bestimmter Typ charakteri-

sieren. Es bedarf dazu keiner weiteren Bemühung. Es sei daran erinnert, daß das Hörspiel von dieser Tatsache lebt.

Erprobung: Situation, Stimm- und Sprechausdruck

Die Komplexität des Spiel- und Sprechvorganges legt es nahe, immer wieder kleine Übungen dazu durchzuführen. Hierfür können einfache Satzgefüge verwendet werden, die szenisch umgesetzt werden:

„Du kannst gehen" (u. U. auch mit Wiederholung)
„Laß uns auf den Balkon gehen."
„Es ist viel zu kalt."

In der praktischen Arbeit zeigt sich, daß viele häufig das Interesse an dieser kleinschrittigen Arbeit verlieren. Deshalb stellen wir eine kurze vollständige Szene als Inszenierungsaufgabe vor. Sowohl bei den Kurzsätzen als auch bei dem folgenden Dialog müssen die Spielenden für sich folgende Fragen klären: Wer sagt was, wie, zu wem, wo, wann und warum?

A: „'N Abend!"
B: „'N Abend!"
A: „Na?"
B: „Na?"
A: „Nischt Neues?"
B: „Neues?" „Nischt!"
A: „Na! 'N Abend!"
B: „'N Abend!"

Der Reiz dieser Übung liegt in den unterschiedlichen Situationen, die sowohl für die Kurzsätze als auch für den Dialogtext gefunden werden sollen.
Ein weiterer Textvorschlag:

Stell dir vor wenn dies
eines tages dies
eines schönen Tages

stell dir vor
wenn eines Tages
eines schönen Tages dies
aufhörte
stell dir vor

(Samuel Becket)

Zu den Ergebnissen lassen sich mehrere Frage stellen:

- Welche Personen werden dargestellt (Körperhaltung, Gestik, Mimik, Requisit)?
- Welche Beziehung haben sie zueinander?
- Wo befinden sich die Personen? Wie machen sie den Ort deutlich?
- Wie sprechen sie ihren Text?
- Warum sprechen sie ihren Text so?

In den Fragen liegt der nächste Schwerpunkt unserer Überlegungen. Der kurze Text wird zunächst von der Stimme der beiden Mitspielenden getragen; sie vermittelt zusammen mit der Körperhaltung die erste Wirkung. Doch die Handlung erhält ihre Präzision und ihren Sinn erst durch die Situation. Nehmen wir einmal an, es handelt sich beim ersten Vorschlag um zwei Geheimagenten: Wenn A B verhalten, flüsternd begrüßt, hat B die Möglichkeit, ebenfalls leise zu antworten oder mit einem dynamischen Sprechausdruck zu reagieren. Je nach Reaktion wird sich die Szene unterschiedlich weiterentwickeln. Der Sprechausdruck der Personen wird bestimmt durch die Intensität (anteilnehmend, nachdrücklich, eindringlich, unbeteiligt, nichtssagend), die Modulation (vom Flüstern bis zum Schrei) und die Artikulation (Tonhöhe, Rhythmus).

In der Art, wie A den Ton von B übernimmt, entgegnet, steigert, wird das Spiel intensiv, denn es wird auf den Ton eingegangen, eine Beziehung hergestellt, wie immer auch sie sein mag.

Wir bezeichnen dies als „Tonabnehmen". *Brecht* schreibt dazu: „Ein Schauspieler muß dem anderen die Replik abnehmen wie ein Tennisspieler dem anderen den Tennisball. Das geschieht dadurch, daß der Ton aufgefangen und weitergeleitet wird, so daß Schwingungen und Tonfälle entstehen, welche durch ganze Szenen hingehen. Fehlt dieses Abnehmen, dann entsteht ein akustischer Eindruck, der dem optischen Eindruck entspricht, welcher entstünde, wenn Blinde miteinander sprechen und dabei niemals auf den schauen, zu welchem sie sprechen." (*B. Brecht*)

Wenn den Mitspielenden das Tonabnehmen nicht gelingt, kann dies an einem Mangel an Musikalität, mangelhafter Erkenntnis des Textes oder ungenügender Zusammenarbeit liegen. Wichtig ist dabei auch die Pause. Sie ist ein schwer wägbarer Zeitraum, der Rede und Gegenrede verbinden und nicht trennen soll. Durch die Länge der Pause lassen sich eine ganze Reihe von Emotionen ausdrücken (z.B. Mißmut, Eifer, Langeweile, Anspannung, Angst usw.). Sie wird so dem gesprochenen Wort gleichwertig. Darüber hinaus kann die Pause auch logische Akzente setzen. Sie interpretiert dann den Sinngehalt des Satzes.

Noch ein Wort zum Sprechen allgemein: Spielende neigen dazu, auf der Bühne zu schnell zu sprechen. Sie schaden dadurch dem Ausdruck, soweit es die Metrik des Satzes anbetrifft, und auch dem Sinngehalt. Das Langsam-Sprechen kann durch Einfügen der Worte „sagte sie" bzw. „sagte er" hinter einzelnen Satzgliedern erreicht werden. Das klingt dann beispielsweise so:

„Man hört ja seine eigene Stimme nicht, Anna, machen Sie das Fenster zu!"

„Man hört ja – sagte er – seine eigene Stimme – sagte er – nicht – sagte er – Anna – sagte er – machen Sie – sagte er das Fenster zu." Die Pausen schleifen sich allmählich ein, und der Satz wird danach auch ohne diesen Kunstgriff angemessen gesprochen.

Vorstellung: Diktion

Die Art und Weise, wie ein Text gesprochen wird, wird als Diktion bezeichnet. Jeder Text kann durch unterschiedliche Diktion in seinem Ausdruck und Inhalt verändert werden. Um dies zu demonstrieren, nehmen wir einen beliebigen Zeitungstext. Die Mitspielenden gehen durch den Raum und sprechen den Text auf Anweisung der Spielleitung: hastig, salbungsvoll, sachlich, flehend, kichernd, aufgeregt, traurig, eindringlich, verzagt, flüsternd, schreiend usw.

Alle erarbeiten nun für sich eine bestimmte Diktion und tragen jeweils ihre Fassung vor. Das Publikum sagt, welche Figur es mit dieser Diktion verbindet (z. B. Nachrichtensprecher, Nachrichtensprecherin – sachlich, Teenager – kichernd, Sportreporter – hastig, übersteigert). Beim Vortragen der Fassungen läßt sich beobachten, daß die Spielenden nicht ohne Bewegung auskommen. Wieder wird deutlich, daß Körper, Haltung, Bewegung und Sprechen zusammengehören.

Erprobung

Zum Abschluß dieser Übungsreihe kann in Dreier-Gruppen ein Szenenausschnitt aus dem Stück „Mercedes" von *Thomas Brasch* erarbeitet werden.

(3 Die Versuchsanordnung wird hergestellt)
Oi: Undwenndedirwaswünschenkönntest
Sakko: Wasnwünschen
Oi: Einfachso Waswünschen
Sakko: Wassollichmirwünschen
Oi: Weißichdochnich Mußtdudochwissen
Sakko: IssdochQuatsch
Oi: Kannstedochmalsagen Weißteniks
Sakko: Klarweißichwas Weißichimmer
Oi: Sagdochmal
Sakko: Mercedes Issdochklar
Oi: WasnAuto
Sakko: DenkstevielleichtIssnTretroller
Oi: Mercedes also
Sakko: Abernich irgendein
Ein mit Schiebedach Autotelefon Stereo Elektronikbremse Fensterheber Colorglasscheiben So einer mit alles dran Verstehste
Oi: Sowiederdameinste
Sakko: Wasmeinste
Oi: Son Mercedes wiederdasteht
Sakko: Spinnste Seh kein Mercedes
Oi: Tomaten aufn Auge oder was Der da drüben
Sakko: WostehtnhiernMercedes
Oi: Da
Sakko: Binichblöde Oderdu
Oi: Siehstn nich Mußte die Augen aufmachen
Sakko: Machichdoch Seh niks
Oi: Da
Sakko: Da
Oi: Also
Sakko: Ja
Oi: Issderdendumeinst
Sakko: Mal nachkuckn
Oi: Na los
Sakko: Tatsache
Oi: Alles dran
Sakko: Alles dran

(Thomas Brasch. In: Theater heute 1983, S. 25)

Mit diesem Text sollen alle bisher vorgestellten Elemente des Spiels umgesetzt werden. Vorher wollen wir noch ein besonderes Augenmerk auf die Personen und ihre Stellung im Raum richten.

Versuch: Wort, Raum und Situation
Dieser Versuch erscheint uns so wichtig, weil eine durchdachte Plazierung den Mitspielenden im Raum sowohl den Aktiven als auch den Zuschauenden hilft, die Situation intensiver zu erfassen. Um dies zu demonstrieren, lassen wir die Spieler Oi und Sakko verschiedene Positionen im Raum einnehmen und die ersten zwei Sätze sprechen. Es gibt eine Unzahl von Möglichkeiten. Hier stellen wir vor:

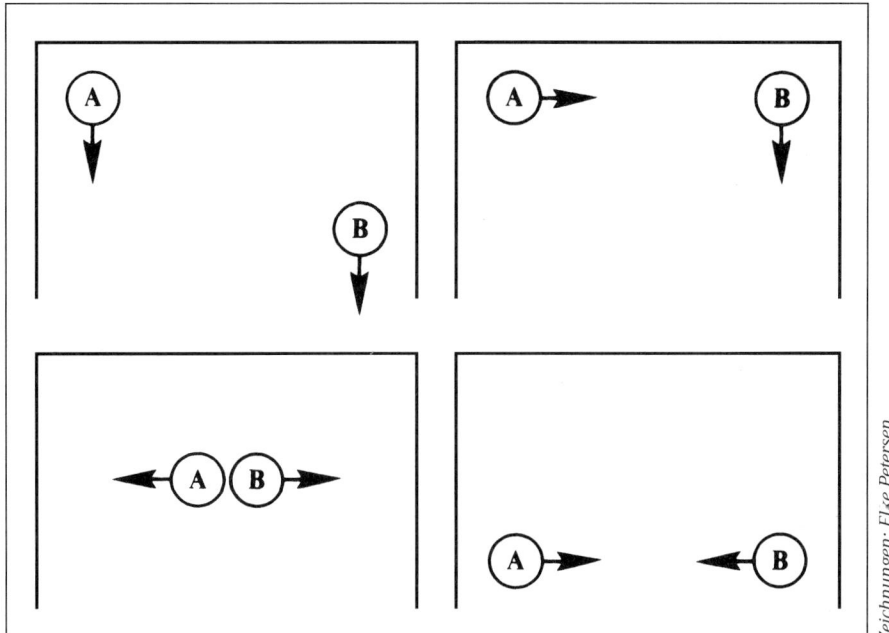

Zeichnungen: Elke Petersen

Jede dieser Stellungen der beiden Spielenden wird eine andere Beziehung, eine andere Spannung der Personen zueinander deutlich werden lassen und so Körperhaltung, Gestik, Mimik und das gesprochene Wort unterstützen.

Die zuschauende Gruppe sollte genau beobachten, welche Wirkungen von den Stellungen ausgehen, sich nicht mit der ersten Lösung zufrieden geben und überprüfen, welche der Lösungen in das Gesamtkonzept hineinpassen.

Klang und Spiel *

Training

Sensibilisierungsübungen
● Klopfen I
Alle Mitspielenden verteilen sich im Raum und legen sich auf den Rücken. Arme und Beine liegen dabei parallel zum Körper. Entspannen! In den Raum hineinhören, auf die Geräusche achten.
Der Spieler/die Spielerin, der/die die Atmosphäre im Raum durchbrechen möchte, beginnt mit den Fingern auf den Boden zu klopfen. Die anderen fallen langsam ein. Das Klopfen kann sich steigern und soll dann wieder abklingen, auch Dialoge sind möglich. Dabei greift die Spielleitung nicht in den Vorgang ein. Wichtig ist, daß die Mitspielenden aufeinander hören und eine Klangfolge entstehen lassen.

● Klopfen II
Alle stehen verteilt im Raum, klopfen mit den Händen vom Kopf an einzelne Körperteile ab (Stirn, Wange, Hals, Brustkorb usw.) und erzeugen damit Geräusche.
Die Gruppe wird geteilt. Dadurch entsteht ein Dialog zwischen den beiden Gruppen.

● Tonfinden
Alle verteilen sich an den Wänden des Raumes und stehen mit dem Gesicht zur Wand. Sie versuchen aus der Körpermitte heraus, einen Ton zu finden und zu summen.
Sie drehen sich um und gehen mit dem Ton in die Raummitte, steigern ihn und lassen ihn langsam ausklingen.

Musik und Bewegung
● Wind
Es bilden sich zwei Gruppen. Eine Gruppe erzeugt Windgeräusche und bläst die zweite an; diese reagiert durch Bewegungen entsprechend der Windstärke (Säuseln – Sturm).

● Rakete
Die Gruppe hockt im Unterschenkelsitz, die Hände liegen auf dem Boden. Die Spielleitung trommelt mit den Fingern auf den Boden, die anderen folgen ihm. Das Trommeln steigert sich und geht über in ein Trommeln mit der flachen Hand, dann mit der flachen Hand auf den Oberschenkel, danach auf den Brustkorb. Stille! In die Stille hinein erfolgt ein langgezogener Pfiff. Die Gruppe antwortet mit einem begeisterten „Ahh!"

● Klatschschlange
Alle gehen im Raum, jeweils im eigenen Tempo. Auf ein Signal hin bleiben sie stehen. Ein/e Spieler/in beginnt zu gehen, während die anderen ihn/sie klatschend begleiten. Er/Sie tippt eine/n zweite/n Spieler/in an, der/die sich ihm/ihr anschließt. Dieser Vorgang wiederholt sich so lange, bis sich eine Schlange gebildet hat.

● Viererklatsch
Alle gehen jeweils vier Schritte im Raum, bleiben stehen, drehen sich um 90° und gehen wieder vier Schritte. Jeder Schritt wird durch Klatschen unterstützt.

---

* unter Mitarbeit von *Helmut H. Weil*

46

● Gehen mit Klang
Alle gehen, jede/r für sich – straff, müde, gelangweilt, geschmeidig usw. – durch den Raum und summen dabei eine der Gangart entsprechende Klangfolge. Nach einer geraumen Zeit tauschen die Mitspielenden, die sich begegnen, Gangart und Klang.

● Bewegung nach Musik
Nach einer Musikcollage, die die Spielleitung zusammenstellen müßte, bewegen sich alle Mitspielenden, der Musik entsprechend (d. h. nicht nur gehen).
Für die Collage eignet sich z. B. *Rimski-Korsakow:* „Bilder einer Ausstellung: Promenade, Gnom, Das große Tor, Ochsenkarren, Küchlein".
Bei der Collage ist es wichtig, daß Musikstücke zusammengeschnitten werden, die sich ähneln, und Musikstücke, die kontrastreich nebeneinanderstehen.

Klang und Spiel

Wenn auf einer Bühne gespielt wird, entstehen immer Klänge. Manchmal stören sie, manchmal werden sie einfach überhört und manchmal im Spiel genutzt. Das Zerreißen eines Briefes, der Gang einer Frau mit hochhackigen Schuhen, das Tropfen eines Wasserhahns oder das Klirren der Gläser, gefolgt von dem Geheul der Feuermeldesirene (in der Schlußszene von „Biedermann und die Brandstifter") – all das ist schon Musik. Unter Musik wollen wir alles, was klingt, verstanden wissen. Dieser erweiterte Musikbegriff bezieht auch den Klang eines Geräusches mit ein. Viele haben Probleme, Musik so radikal rudimentär zu sehen, wie es uns sinnvoll erscheint. Musik intensiviert seit den Anfängen des Theaters das Spiel. Die Vorstellungen über Klang, Rhythmus, Melodie und Harmonie sind viel verfestigter als die Vorstellung davon, auf welche Art und Weise sich die Spielenden auf der Bühne zu bewegen haben.

Die Erweiterung des Begriffes ermöglicht auch den in Musik nicht ausgebildeten Spielenden, Musik zu machen. Die drei entscheidenden Fragen lauten: Wie erzeuge ich Musik? – Wie wirkt sie auf mich? – Wie verwende ich sie?

Versuch: Geräusch, Klang, Metrum, Dynamik

Die Spielleitung hält eine Fülle von geräusch- und klangerzeugenden Gegenständen und Instrumenten bereit: Sandpapier, Zeitungspapier, Plastiktüten, Flaschen, Erbsen im Marmeladenglas, Kugeln in Plastikeimern, Steine im Eimer, Zweige, Schlamm, Luftballons, Kindertrompete, Triangel, Klanghölzer, Glocken, Trommeln, Flöte, das Innere eines Klaviers usw.
Alle Mitspielenden suchen sich einen Gegenstand oder ein Instrument aus und setzen sich in den Kreis. Zunächst stellen sie den eigenen Klangerzeuger und dessen Möglichkeiten vor, z. B.: Was läßt sich mit Schlamm machen, damit etwas akustisch Wahrnehmbares entsteht? Nun produzieren alle gemeinsam, auf den Klang der anderen achtend, einen Klangteppich. Dieser wird mal laut, mal leise. Auf diese Weise erfahren sie, was dynamische Veränderung bewirkt.
Danach führen zwei Instrumente einen Dialog, die anderen schweigen. Denn wichtig ist, auf das, was das andere „sagt", ernsthaft zu achten. Weitere Instrumente gesellen sich dazu. Ein Instrument gibt ein Motiv vor, die anderen fallen ein. Dabei wird sich fast von selbst ein metrisches Geschehen

ergeben. Gut ist es, den Prozeß auf Tonband aufzunehmen und danach gemeinsam sorgfältig anzuhören. In diesem Versuch werden die Spielenden die Vielfalt von Klängen wahrnehmen und gleichzeitig auch gestaltend mit klangerzeugenden Objekten umgehen. Sie erleben den einzelnen Klang, die Dynamik und die rhythmische Beziehung der Klänge zueinander. So wie das Kostüm von Form, Farbe und Material bestimmt wird, arbeitet die Musik mit Rhythmus, Klang und Instrument.

Diese Vorstellung der Musikobjekte schließt natürlich nicht aus, daß auf den traditionellen Musikinstrumenten wie Geige, Flöte, Gitarre, Klavier, Trommel, Pauke und selbstgebauten Instrumenten weitere Klangerfahrungen gesammelt werden können. Dabei ist immer zu fragen, was der Klang eines Instrumentes an Emotionen und Assoziationen beim Publikum auslöst. Der Klangcharakter eines Instrumentes kann für eine Szene wichtig werden, sei es, daß er eine Atmosphäre aufbaut oder etwa den Charakter einer Figur interpretiert.

Vorstellung: Stimmverhältnis

Alle können versuchen, sich zu bemühen, genau das Gleiche zu spielen oder zu singen (Einstimmigkeit). Alle machen das Gleiche, aber nehmen kleine Abweichungen billigend in Kauf (Heterophonie). Einer macht etwas Vorrangiges, die anderen unterstützen ihn dabei (Homophonie). Alle machen etwas, was gleich wichtig ist (Polyphonie).

Die Spielleitung gibt eine ganz einfache, möglichst kurze, vor allem unbekannte Melodie vor und läßt sie von allen nachsingen. Kommentarlos läßt sie sie dann nur von den Mädchen, danach nur von den Jungen singen. Es wird für die Schüler verblüffend sein zu erleben, daß dabei durch den Oktavunterschied schon ein deutlicher Klangunterschied und damit auch ein Unterschied der Wirkung entsteht. Durch das gemeinsame Singen steht die Melodie schon in einem Klangraum. Darunter verstehen wir die Spanne zwischen hoch und tief. Das ist der erste Schritt zur Heterophonie.

Schön wären einige „Brummer" in der Gruppe, die die Töne nicht richtig treffen. Die Spielleitung muß diese Tatsache von der Gruppe auf die Wirkung hin überprüfen lassen. Was traditionell als zu vermeidendes Hindernis angesehen wird, wird hier als Chance genutzt. Damit wird klar, was Heterophonie eigentlich ist.

Jetzt könnte eine Solosonate vorgespielt werden, um Homophonie zu erleben. Das Soloinstrument spielt das „Eigentliche", das andere Instrument begleitet nur. Ist nur die begleitende Stimme zu hören, wird der Eindruck erweckt, daß etwas fehlt. Bei der Solostimme alleine läßt sich die Begleitung mühelos hinzudenken. Falls dieses Strukturverhältnis nicht nur mit Geräuschklängen hergestellt werden soll, ist für Homophonie sehr viel musikalisches Hintergrundwissen erforderlich. Es mit Geräuschen zu versuchen, lohnt sich.

Obwohl es im ersten Moment schwieriger erscheint, ist es eigentlich leichter, polyphon zu arbeiten. Die Spielenden führen verschiedene Melodien gleichzeitig aus, ohne Rücksicht auf die Folgen für den Zusammenklang. Hier ist es wichtig, daß die Spielleitung beim Abhören der Ergebnisse darauf drängt, nur die Wirkung zu benennen und nicht nach traditionellen Klangvorstellungen zu werten. Polyphonie bedeutet tatsächlich, daß der Zusammenklang sekundär ist.

Erprobung: Musik und Bühne

Es spielen drei Gruppen. Die erste erhält die Aufgabe, eine Klangfläche mit unterschiedlichsten Instrumenten zu erzeugen. In der zweiten sollten sich diejenigen zusammenfinden, die für sich in Anspruch nehmen, keine Ahnung von Musik zu haben, also weder ein Instrument spielen noch sichere Notenkenntnisse besitzen. Sie erfinden eine Melodie, die auf einem Klavier gespielt wird. Als Partitur kann eine Zahlennotation dienen, die mit Filzstift auf die Klaviertasten geschrieben wird. Die Dauer der Töne ergibt sich aus der Länge der Zeichen. Der Vortrag erfolgt einhändig, wobei sich mehrere aus der Gruppe abwechseln können. Die dritte Gruppe setzt sich aus den „Musikexperten" zusammen und erhält die Aufgabe, nur Geräusche zu produzieren.

Die Zuordnung der Aufgaben zu den Gruppen erfolgt aus der Überlegung: Erfahrungen, Einstellungen, Voreingenommenheiten und Kenntnisse aufzubrechen, um neue Wege zu gehen. Die Tonsequenzen sollen eine Minute bis zweieinhalb Minuten dauern. Beim Erfinden der Musik muß den Gruppen Zeit gelassen werden, da über das Erfinden hinaus das Einüben Zeit braucht, um – selbst in Ansätzen – überzeugend und wirkungsvoll dargeboten werden zu können.

Im zweiten Teil werden die drei Arbeitsergebnisse zu einer voll ausgeleuchteten leeren Bühne gespielt. Die Spielleitung gibt nun die Konserve einer lauten Pop-Musik ein und den Kammerorchesterklang eines concerto grosso aus dem Barock o. ä. Dabei interessiert die Frage, was mit dem Publikum passiert, wenn es bei immer gleichbleibend kahler Bühne verschiedene Musiksignale empfängt? Bei allen Versuchen verändert sich der leere Raum der Bühne und bekommt, indem er mit Musik bespielt wird, Atmosphäre. Je nach Musikkulisse oder Geräuschbild ist die Atmosphäre für das Pulikum anders, wobei es bezeichnend für Musik ist, daß die Assoziationen nicht identisch sind. Wichtig ist, daß bei aller möglichen Breite der Assoziationen das musikalische Signal sehr exakt ausgeführt wird, damit diese nicht diffus werden. Häufig erreicht die Konserve nicht die Intensität wie die Live-Musik. Im Schultheater sollte, wenn möglich, auf die Konserve verzichtet werden. Abgesehen von der Wirkung ist diese Art des Vorgehens dem Schultheater gemäßer, auch wenn dies sicher zunächst nicht immer auf die Zustimmung der Mitspielenden stoßen wird.

Erprobung: Musik, Bewegung und Raum

Aus Angst vor einem Ungeheuer im Wald leben die Bewohner und Bewohnerinnen zurückgezogen in ihrer Stadt. Von vorbeiziehenden Fremden werden sie dazu gebracht, sich das Ungeheuer anzusehen. Dabei stellt sich heraus, daß es sehr groß, freßbegierig, ungestüm, aber gutmütig ist. Es soll nun die Begegnung der Städter mit dem Ungeheuer inszeniert werden. Das Ungeheuer wird rein akustisch dargestellt. Zu sehen ist nur, wie die Spielenden auf das Ungeheuer reagieren.

In dieser Aufgabe geht es um einen musikalischen und einen Bewegungsvorgang auf der Bühne. Hierfür ist es sinnvoll, die Musik nicht aus traditionellen Musikinstrumenten entstehen zu lassen, sondern geräuscherzeugende Objekte zu verwenden, wie Ofenrohre, Ketten, Plastiktüten usw. Dabei ist es für die Orientierung wichtig, wenn die Musik nur aus einer Richtung kommt.

Die Musik wird hier zu einem Teil der Bühnenhandlung und ersetzt eine Figur. Jede optische Vergegenwärtigung würde zu einer Konkretisierung des fabelhaften Ungeheuers führen. Nur akustisch dargeboten, sind der Phantasie der Mitspielenden und des Publikums keine Grenzen gesetzt. Dadurch, daß wesentliche Handlungsträger nur akustisch auftreten, wird auch mehr Spannung und Dynamik in eine Szene gebracht. Der Marschtritt einer Soldatenkompanie kann z. B. wirkungsvoller sein als ihr tatsächlicher Auftritt.

Erprobung: Musik als Bedeutungsträger

Die Kleingruppen erhalten die Aufgabe, nach „Märzfriedhof", eine Grafik von *Käthe Kollwitz*, ein Tableau aufzubauen. Zu jedem dieser Tableaus gibt die Spielleitung bei der Präsentation ein anderes Musikstück vom Band in

„Märzfriedhof" von Käthe Kollwitz

der Länge von etwa eineinhalb Minuten ein. Bewährt haben sich: Internationale, Requiem (*Mozart*), Blues, Tango, Volkslied, Cello-Soli, Pop-Song. Die jeweils eingespielte Musik wird dem Bild eine andere Stimmung geben und damit eine andere Geschichte erzählen und ihm eine andere Bedeutung zukommen lassen. Bei der „Internationale" wird die Szene zur Trauer über einen Kämpfer des Kommunismus (wie es von *Käthe Kollwitz* wohl gedacht war), beim Requiem dagegen ist es die Trauer über ein Einzelschicksal. Beim Tango kann die Szene sogar einen makabren Charakter bekommen. Die Musik fungiert hier also als Bedeutungsträger.

Wie beim Requisit, wo der Gegenstand möglichst eindeutig vom Publikum erkannt und in seiner Assoziation eingeordnet werden muß, um in seiner Funktion als Verständnishilfe oder -lenkung wirken zu können, muß auch die Bedeutung des Musikstücks erkennbar sein. Für die Zuschauer, denen nur die Melodie, aber nicht der Textsinn und die Geschichte der „Internationale" bekannt ist, wird die Wirkung der Szene unklar sein. Sie werden nur den Stimmungsgehalt der Melodie aufnehmen. Bei der Auswahl der Musik ist es deshalb wichtig, daß ihre Bedeutung dem Zuschauer bekannt ist.

Ein Beispiel aus einer Schultheateraufführung, die sich mit dem Thema „Tod" auseinandersetzte, soll das verdeutlichen. Auf der Bühne sah das Publikum drei Tableaus: als erstes die *Kollwitz*-Grafik, als zweites „Das kranke Mädchen" von *Edvard Munch*, als drittes ein modernes Krankenhausbett. Bei dem ersten Tableau summte eine Stimme die „Internationale", wobei die Melodie immer wieder an verschiedenen Stellen abbrach. Das zwei-

„Das kranke Mädchen" von Edvard Munch

te wurde von einem russischen Wiegenlied begleitet, während zum dritten ein durchgehaltener, kalter Synthesizerton zu hören war.

Als Folge ergeben sich drei verschiedene Interpretationen zum Tod: bei der Kollwitz-Grafik wird er zum Zeichen für das Scheitern einer gesellschaftlichen Bewegung, bei *Munch* wird die Individualität der Trauer betont, und das Krankenhausbett wird zum Symbol für die generelle Vereinsamung und Technisierung unserer Gesellschaft. Auch für diese Funktion der Musik bedarf es nicht unbedingt aufwendiger Musikkonserven. Erfah-

rungsgemäß wirken die einfachen Mittel durchaus intensiver. Die „Eindeutigkeit" ist zumeist besser gewährleistet für das Publikum. Zudem entspricht diese Arbeitsweise mehr dem grundlegenden Ansatz, die Mitspielenden möglichst selber arbeiten zu lassen.

Musik ist die Kunst, die am stärksten das Gefühl unmittelbar anspricht. Das zeigt sich unter anderem daran, daß Gespräche über Musik immer sehr emotional geführt werden. Sobald wir aber mit Musik arbeiten, brauchen wir eine rationale Einstellung. Die ersten Übungen waren der Versuch, über den Weg der praktischen Arbeit

Gedanken zur Wirkung und Funktion der Musik im Darstellenden Spiel zu entwickeln. Im folgenden wird nun eine kurze Übersicht über die Aufgaben der Musik im Theater gegeben:

● Musik in der Pause
Bei einer Aufführung sind Pausen fast immer unvermeidbar. Sie mit Musik zu überbrücken, bietet sich an. Oft aber wird mit der Musik nach dem Motto „Pink Floyd paßt immer" umgegangen. Das ist im Sinne der Theaterarbeit wenig sinnvoll. Die Aufführung enthält damit ein inhaltlich völlig funktionsloses Element. Wenn das Publikum sich in den Pausen daran gewöhnt, Musik als bloße Überbrückung zu hören, wird es diese auch in den Szenen ähnlich aufnehmen. Bedacht werden sollte ebenso, daß das Publikum versuchen wird, einen Sinn im Dargebotenen zu finden und dann vergeblich danach sucht. Gerade im Schultheater ist es riskant, den Mitspielenden einen derart unverantwortlichen Umgang mit einem Element zu gestatten.
Sinnvoller erscheint es, Musik zu spielen, die entweder die vergangene Szene ausklingen läßt, die nächstfolgende einleitet oder sogar beides. Die Musik übernimmt damit dramaturgische Funktion.

● Musik zur Szene
○ als Teil der Bühnenhandlung
Musik, wenn sie sinnvoll eingesetzt wird, übernimmt immer dramaturgische Funktion. Das wird besonders deutlich, wenn als Teil der Handlung Musik erforderlich ist. Der Rattenfänger von Hameln muß eben auch auf der Bühne Flöte spielen.
○ als Atmosphäre
Musik gibt der Szene Atmosphäre, wenn z. B. zu einer Barszene ein ein-

zelner Klavierspieler spielt oder ein kleines Jazz-Ensemble. Musik wird dann so verwendet, daß sie die Szene atmosphärisch kommentiert, indem sie unterstützt, ironisiert, verfremdet.
○ als inhaltlicher Kommentar
Wir stellen uns vor, auf der Bühne sitzen drei Personen aus dem Management und lesen in der Wirtschaftszeitung. Erklingt dazu Beethovens Fünfte Symphonie, so wird der Eindruck von Macht kommentierend unterstützt. Ertönt das Kinderlied: „Wer will fleißige Handwerker sehen?", wird die Szene ironisiert. Das Geräusch einer Baumsäge würde die Szene verfremden.
○ zur Charakterisierung von Figuren
Als Kommentar zum Charakter von Figuren eingesetzt, kann Musik diese charakterisieren oder die innere Befindlichkeit der Figur deutlich machen. Die Verfassung eines kraftvoll, sicher auftretenden Mannes kann durch eine kräftige, marschähnliche Musik deutlicher werden. Durch eine melancholische Musik wird dem Publikum ein Hinweis auf den inneren Zustand gegeben.
Solche musikalischen Charakterisierungen können auch als Leitmotiv der Figur durch das gesamte Stück gezogen werden.

● Musik als Szene
○ als Bühnenbild
Wieweit eine Musik als Bühnenbild fungieren kann, haben wir schon in unserer ersten Erforschungsübung „Musik und Bühne" vorgestellt. Eine Collage aus Waldgeräuschen reicht aus, um aus einem leeren Bühnenraum einen Wald entstehen zu lassen.
○ als Figur
Bei dem Ungeheuer, das nur akustisch in Erscheinung tritt (vgl. Erprobung „Musik, Bewegung und Raum"), wird die Musik zur Figur.

- Musik als Strukturierung
- eines Bewegungsablaufs
- eines ganzen Stückes
- eines szenischen Verlaufs

Musik, Bewegung und Szene sind verbunden durch ihren zeitlichen Verlauf. In der Musik sind Zeitverläufe in der Mehrzahl der Fälle exakter festgelegt. Übertragen wir nun diese Zeitstruktur auf eine Handlung, so gewinnt sie eine andere Wirkung.

Bei einer Aufführung zu dem Märchen „Von einem, der auszog, das Fürchten zu lernen" wurde folgende Szene gespielt: zu beiden Seiten des in der Mitte sitzenden Vaters saßen seine beiden Söhne und äußerten abwechselnd jeweils eine Meinung, die der Vater zustimmend oder ablehnend kommentierte. Nach jedem Kommentar rückte der Vater von dem faulen Sohn weg zum fleißigen hin. Das tat er sehr regelmäßig, was als zeitliche Strukturierung gewollt war. Der Einsatz eines Metronoms erzwang dann eine Genauigkeit dieser Regelmäßigkeit, die vorher nicht vorhanden, sogar nicht einmal gewollt war. Dadurch bekam der Vorgang eine Zwanghaftigkeit, die als durchaus sinnvolle Interpretation dieser Handlung gesehen wurde.

In ähnlicher Weise kann Musik durch ihren zeitlichen Ablauf auch einer ganzen Szene eine straffere Struktur geben. Die Strukturierung eines ganzen Stückes durch Musik sei am Beispiel einer Collage zum Thema „Tod" erläutert:

Von der Musikgruppe kam das Bedürfnis, die einzelnen Szenenblöcke mit der gleichen Anzahl von Szenen zu füllen. Am Anfang jedes Szenenblocks stand ein reines Musikstück, so daß die Einschnitte deutlich waren. Der gesamte Verlauf der Collage erhielt dadurch eine Struktur, die nach musikalischen Prinzipien gestaltet war. Diese Prinzipien zielen nicht notwendig auf die obengenannte Gleichheit. Sie sind im wesentlichen rein formale Prinzipien. Das unterscheidet sie häufig von den theatralen Gestaltungsprinzipien. Diese Art, einer gesamten Aufführung eine solche musikalische Struktur zu unterlegen, erfordert erheblichen musikalischen Sachverstand.

Zum Abschluß eine umfangreichere Aufgabe dazu:

Erprobung: Fließband

Die Gruppe entwickelt eine Szene, die die Arbeit an einem Fließband zeigt. Der Bewegungsablauf sollte nicht zu kompliziert sein. Während eine Teilgruppe diesen Bewegungsablauf möglichst genau einübt (z. B. die Bewegungsabläufe durch einen Vierer-Rhythmus strukturiert), entwickeln die anderen Gruppen dazu Musikstücke mit verschiedenen Zielrichtungen: Die Musik soll den Bewegungsablauf der Arbeit unterstützen. Musik kommentiert den Charakter der Arbeit, indem sie eine Atmosphäre widerspiegelt und die innere Haltung der Arbeitenden deutlich macht oder den Charakter der Arbeit als Ausbeutung entlarvt.

Bei der Erarbeitung und Vorführung der ersten Variante ist wichtig, die Musik klanglich und zeitlich sehr genau auf die Bewegungen der Spielenden abzustimmen. Nur so ist eine Strukturierung zu erreichen, die das Mechanische des Bewegungsablaufes deutlich werden läßt. Die Musik schafft bzw. verstärkt so den Eindruck eines industriellen Fertigungsprozesses.

Der atmosphärische Einsatz der Musik muß sich nicht zwangsläufig auf die Bewegungen beziehen, sondern kann unabhängig davon eine Klangfläche formen, z. B. das Reiben von Metall auf Metall, Lautmalereien oder einen Flötenton.

Die Darstellung der inneren Haltung der Figuren durch Musik läßt mehrere Möglichkeiten zu, vom Alptraumhaften bis zum Sehnsuchtsvollen. Die Musik kann diese Stimmung durch charakteristische Instrumente (z. B. eine unablässige Folge lauter Schläge auf nachklingendes Metall oder eine Mundharmonika) oder auch durch Lieder verdeutlichen. Dabei genügt oft eine typische Zeile, um die bestimmte Stimmung heraufzubeschwören ("Master and Servants" von Depeche Mode oder "La Montanara"). Bei Liedern mit dem Bekanntheitsgrad z. B. von "La Montanara" ist es sogar möglich, den Text wegzulassen. Dadurch wird die Wirkung noch intensiver. Auch die Art des Vortrags läßt eine Menge von Differenzierungen zu. Denkbar wäre auch eine Collage aus verschiedenen Liedern.

Als weitere Variante kann ein Lied ausgewählt werden, das eine positive Haltung zur Arbeit ausdrückt (z. B. "Wer nur den lieben langen Tag"). Dieses Lied wird dann langsam immer mühsamer, zerrissener, rauher gesungen, verliert zunehmend seinen Schwung, wird von Begleitinstrumenten dynamisch überlagert, die Gruppe singt in zeitlicher Verzögerung. Das Publikum erlebt mit, wie die positive Haltung zusammenbricht und sich als aufgezwungen erweist.

Der Einsatz von Musik verleitet leicht dazu, sie sehr ausgiebig zu verwenden. Ein sparsamer Gebrauch ist meistens am wirkungsvollsten.

Bei unseren Überlegungen zur Umsetzung sind wir von der Idealvorstellung ausgegangen, daß es sich um *eine* Gruppe handelt, die Szene und Musik gemeinsam erarbeitet. Dabei werden dann einzelne zeitweise zu Musikern, ohne aber aus der Spielgruppe herauszutreten. Sie beschäftigen sich dann nur intensiver mit ihr. Da die musikalische Arbeit aber im engen Kontakt zur Theaterarbeit bleibt, ist dies kein Verlust.

Meistens wird es so sein, daß Musiker zusätzlich geworben werden müssen. Diese sollten ein echtes Interesse daran haben, Musik zu Theater zu machen und sich nicht nur als reine Musiker verstehen.

Die Musizierenden sollten nur dann sichtbar plaziert werden, wenn es eine Funktion für das Stück hat. Musikmachen erzeugt immer Bewegungsabläufe, die auch oft ihre eigene Faszination besitzen und deshalb einen Teil der Aufmerksamkeit des Publikums auf sich ziehen. Unerläßlich für die angestrebte Verzahnung der beiden Bereiche ist die Zusammenarbeit von Beginn an. Das heißt nicht, daß die Musikgruppe an jeder Probe teilnehmen muß. Viel sinnvoller ist es oft, parallel zu arbeiten und von Fall zu Fall die Ergebnisse aufeinander abzustimmen. Das ergibt sich häufig schon als Notwendigkeit dadurch, daß die Erarbeitung eines Musikstückes und die Erarbeitung einer Szene zwei sehr unterschiedliche Vorgänge sind. Dabei können auch die Musizierenden mit ihrer Arbeit zu neuen szenischen Lösungen anregen.

Das Kostüm

Training

• Blindenführer
Im Raum verteilt liegen verschiedene
Stoffe, Seide, Rupfen, Wolle, Jeans-
stoff, Leder, Papier, Plastik usf. (auch
Kleidungsstücke).
A schließt die Augen, B führt zu den
einzelnen Stoffen/Materialien. A beta-
stet und fühlt die Stoffe/Materialien
und benennt sie. Danach Wechsel.

• Spiel mit Kragen
Benötigt werden Kartonstreifen von
70 cm Länge und 18 cm Breite für alle
Mitspielenden. Die Streifen werden
um den Hals gelegt und unter dem
Kinn mit Heftklammern zusammen-
gefügt. Und nun folgende Übungen:
den Raum betrachten,
durch den Raum gehen,
Körperhaltung beobachten,
Mitspielende begrüßen sich untereinander.

• Spiel mit Tuch
Alle erhalten ein Kopftuch und binden
es in Dreiecksform vor das Gesicht, so
daß nur die Augen frei bleiben. Die
Übungsfrage lautet: Wer seid ihr?
(Vermummte Gangster usw.) Alle bewegen sich durch den Raum – erst einzeln und danach in Gruppen.
Variation:
Das Tuch wird schalartig um den Hals
geworfen. Das Tuch wird schmal gelegt und um die Stirn gebunden. Durch
die Variation des Tuches kommt es zu
Veränderungen von Haltung, Gang,
Geste.

• Spiel mit Jacke
Alle haben eine Jacke vor sich liegen,
ziehen sich diese an und merken sich
den Ablauf der Bewegung in einzelnen Schritten. Danach ziehen sie sie
wieder aus und beobachten diesen
Bewegungsablauf. Der Vorgang wird
wiederholt, bis ein Rhythmus erreicht
ist.
Die Jacke soll sehr langsam rhythmisch angezogen werden (dabei zäh-
len).
Die Jacke wird rhythmisch möglichst
schnell angezogen.

Das Kostüm

Seit jeher haben Kinder und Jugendliche Spaß am Verkleiden. Kleidungsstücke sind von sich aus schon Spiel-
angebote. Liegt ein Hut auf der Bühne,
so dauert es nicht lange, bis eine Person ihn aufsetzt und sich damit
bewegt. Hier gilt es, den Spaß am Verkleiden zu nutzen, um zu zeigen, das
Kleidungsstücke in allen ihren Eigenschaften im Spiel bewußt eingesetzt
werden können. Das Kostüm ist die
Kleidung, die auf der Bühne getragen
wird. Sie erfüllt verschiedene Aufgaben:
• Sie dient der Charakterisierung der
Bühnenfigur.
• Sie unterstützt das Spiel der Darstellenden.
• Sie ist ein Teil der optischen Ge-
samtwirkung der Inszenierung.
• Sie macht die Interpretation des
Stückes mit deutlich.
Zumeist wird beim Theater ein „kom-
plettes" Kostüm erwartet, d. h. ein
Kostüm, das in Material, Form und
Farbe dem jeweiligen Stück ent-
spricht. Es versucht in seiner Komple-

xität ein Milieu, eine Atmosphäre oder eine historische Situation zu verdeutlichen. Die Kostüme sind von ihrem Aufbau her bis ins Detail genau und oft recht kostbar gearbeitet (s. *Fotobeispiel*). Ein junger Spieler in diesem Kostüm könnte ohne Frage in dieser Kleidung prachtvoll aussehen. Sobald er aber spielt, wird ihm die Kostbarkeit des Kostüms wie ein zu weiter Mantel. Sein Spiel kann die Form nicht füllen. Die Komplexität des Kostüms erwartet auch das komplexe nuancenreiche Spiel, das den jugendlichen Spielern noch nicht zur Verfügung steht. Seine Persönlichkeit wird durch die perfekte Schönheit dieses Kostüms zugedeckt, drückt auf ihn (und somit aufs Spiel), statt ihn zu stützen. Zudem sind Kostüme dieser Art viel zu kostspielig und zeitaufwendig in der Herstellung. Sie aus dem Fundus des Stadttheaters zu leihen, halten wir für unangemessen.

Schultheater verlangt in erster Linie nach einfachem Spiel. Die Einfachheit des Spiels verlangt auch die Einfachheit des Kostüms. Wie kann das Kostüm im Schülertheater aussehen?

Versuch: Kostümfindung

Eine Spielerin stattet sich mit verschiedenen Kostümteilen aus. Die Abfolge wird vor der ganzen Gruppe präsentiert. Das Grundkostüm sieht so aus: ein schwarzes, langarmiges Trikot, eine schwarze und weiße Bluse, ein knöchellanger schwarzer Rock. Dazu werden verschiedene Accessoires variiert:

Abbildung 1: Ein Mädchen im schwarzen, knöchellangen Rock und Wollstrümpfen. Ein graues Stück Stoff ist zu einem Stirnband geknotet. Die Zuschauer werden etwas Resolutes, Kämpferisches aus dem Kostüm ableiten.

Abbildung 2: Das Stirnband wird zum Kopftuch gebunden. Die Figur verliert nun ihren kämpferischen Ausdruck. *Abbildung 3:* Die Figur erhält einen breiten, weißen, die Schultern abdeckenden Kragen und eine weiße, aus Karton gefertigte Haube. Die Wollsokken werden gegen schwarze, flache Schuhe und Strümpfe eingetauscht: die Figur ist eine Nonne.

Shakespeare: „Macbeth". Stratford 1962.

Weltheater Westermann 1962, S. 95

56

Abbildung 1

Abbildung 2

Abbildung 3

Abbildung 4

Abbildung 5

Abbildung 6

Fotos: Claus Bubner

Abbildung 4: Das Mädchen hat eine graue Taftschürze mit weißen Spitzenapplikationen umgebunden. Durch die Schürze vermittelt es den Eindruck, eine Dienstbotin in einem großbürgerlichen Haus zu sein. Dies wird durch das schimmernde Material gestützt. *Abbildung 5:* Die Schürze wird gegen einen Marinekragen und eine weiße Bluse aus der Jahrhundertwende vertauscht. So entsteht der Eindruck eines Schulmädchens.

Abbildung 6: Das Mädchen hat ihren Rock gerafft, einen *roten* Stoffgürtel umgebunden und eine *rote* Papierblume auf die Schultern gesteckt. Die Figur bekommt etwas Kokettes. Ihre Haltung unterstützt diesen Eindruck wesentlich.

Wichtig: Die Spielerin wird hinter der Bühne mit den unterschiedlichen Accessoires versehen und zeigt sich dann erst dem Publikum.

Der kleine Versuch zeigt, daß bereits durch wenige Form- und Farbelemente eine Figur entsteht. Dies genügt oft, um wesentliche Details und Typisches zu zeigen. Erfahrungsgemäß ist es ein angemessener Weg, um zu einem Kostüm zu gelangen.

Allerdings bedarf es schon Kenntnisse der zeitgenössischen Kunst bzw. der jeweiligen Epoche, um prägnante, typische Formen und Farben zu finden. Die Auswahl zeugt letztendlich von der Intelligenz und dem Spielwitz der Gruppe. Kostüme aus unserer Zeit lassen komplexere Lösungen zu. Denn ohne Frage kann ein Spiel im stilechten Punkerkostüm genauso überzeugend wirken wie in der Kleidung eines Jungen aus den vierziger Jahren. Den Spielenden sind Habitus und Gesten vertraut und die Spielmöglichkeiten werden vielfältiger (*s. Foto Seite 59, Schultheater der Länder, Bamberg*).

Farbe und Kostüm
Die vorgeführte Beispielreihe der Kostüme baut sich auf den Farben Grau, Weiß und Schwarz auf, nur einmal wird ein wenig Rot eingesetzt. Das Rot bricht die verhaltene Farbigkeit auf, setzt inhaltliche und formale Akzente. Erst durch das Rot der Papierblume und des Gürtels ergeben sich Hinweise auf den Charakter der Figur. Dies zeigt, welche Rolle die Farbe eines Kostüms spielt.

Erprobung: Farbe und Charakter
Alle Zweiergruppen bekommen den Auftrag, aus Kreppapier und Klebeband unabhängig voneinander Papierkostüme anzufertigen, die „Seriosität", „Bodenständigkeit", „Heiterkeit" und „Melancholie" ausdrücken. Sie dürfen nur zwei verschiedene Farben auswählen. Die Kreppapierbahnen werden großflächig am Körper der Spieler drapiert. Wichtig ist die Farbigkeit, nicht die Form, also keine Details. Bei dem Vergleich der so entstandenen „Kostüme" wird es nicht schwerfallen, die Wirkung durch den Charakter der Farbigkeit herauszufinden. Die Farbe wird zum Ausdrucksträger. Dies zeigen folgende Beispiele:

Seriosität: Kombinationen von grau, schwarz, weiß
Bodenständigkeit: braun, dunkelgrün, schwarz, weiß
Heiterkeit: hellblau, orange, gelb, weiß
Melancholie: grau, violett, schwarz

Wenn wir die Farbe einer Figur mit einer anderen tauschen, z. B. den erdbraunen Ton der „bodenständigen" Figur mit dem Hellblau der „heiteren" Figur, bricht die eindeutige Aussage über den Charakter einer Figur zusammen.

Foto: Christian Döge. „Geheime Freunde". In: Dokumentation Schultheater der Länder, S. 24

Als nächster Schritt könnte eine weitere Farbe als Akzent eingesetzt werden. Die „bodenständige" Figur, die bis jetzt die Farben Braun und Grün zeigt, erhält einen kleinen Streifen Weiß. Dies macht das Kostüm lebhafter und damit auch reicher. Hilfreich sind hier mehrere Figurinen mit unterschiedlichen Farbakzenten, um die überzeugendste Lösung zu finden.

In einem zweiten Ansatz können ohne Vorgabe aus einer Fülle verschiedenfarbiger Kreppapiere Figurinen erstellt werden. Hier sind größere Ansprüche an die eigene Phantasie gestellt, weil der Charakter selbst gefunden werden muß. Uneindeutige Farbzusammenstellungen führen zu weniger gelungenen Lösungen. Es läßt sich kein eindeutiger Charakter herauslesen.

Eine Figur in ihrem Farbcharakter festzulegen, ist noch verhältnismäßig leicht, das Schwierige ist, eine Gruppe von Figuren farbig stimmig, d. h. in einem Farbklang auf die Bühne zu bringen.

Versuch: Farb-Ordnung

Alle stellen aus Kreppapier „Kostüme" zusammen mit höchstens drei Farben. Sie gehen nacheinander auf die Bühne. Einzelne sehen sich den Gesamtfarbeindruck an. Was sich auf der Bühne zeigt, ist nichts weiter als Buntheit. Nun schaut sich das Publikum die Kostüme an, die überwiegend rotfarbig sind und bittet diejenigen abzutreten, die nicht dazu passen. Die verbleibenden Farben kommen nun verstärkt zur Geltung. Die Bühne erscheint dadurch übersichtlicher und geordneter.

Es lohnt sich auch ein Versuch mit den anderen auf der Bühne vorhandenen Farben. Es wird immer zu neuen Farbordnungen führen. Diese Übung zeigt, daß über den Farbcharakter einer Figur hinaus auch die Farbordnung auf der Bühne wichtig ist. Wie turbulent die Szene auch sein mag, das Publikum muß über die Empfindung einer Farbe auch optische Orientierungshilfen bekommen. Die Farbe ist hier Ausdrucksträger und auch ordnendes Ganzes.

Als Variation sind denkbar „Bodenständige", „Seriöse" u. a. als Gruppierungen. Zu untersuchen wäre, wieweit die verschiedenen Farbigkeiten auf der Bühne zu einem Klang zusammenfinden.

Form und Formgebung

So wie Farbe den Charakter einer Rolle deutlich machen kann, so kann dies auch die Form des Kostüms.

Versuch: Formgebung

Ein Spieler in einem weißen Oberhemd stellt die folgenden Zeichnungen nach. Auch hier werden die Veränderungen hinter der Bühne vorgenommen.

Zeichnung 1: Mit geschlossenem Kragen wirkt die Figur brav und ordentlich.

Zeichnung 2: Das Hemd ist oben geöffnet, es entsteht der Eindruck des Sportlichen.

Zeichnung 3: Den Kragen hochgestellt, wirkt die Figur übersteigert forsch.

Zeichnung 4: Der eingeschlagene Kragen läßt sie karg und ärmlich erscheinen.

Die Form des Kragens und sein Erscheinungsbild bestimmen also die unterschiedliche Aussage einer Figur. Die Übersteigerung der Form, wie sie uns die *Zeichnungen fünf bis acht* zeigen, betonen den Eindruck noch oder verstärken ihn bis hin zur Karikatur. Selbstverständlich verändert der jeweilige Körper (z. B. schmächtig oder

Zeichnung 1

Zeichnung 2

Zeichnung 3

Zeichnung 4

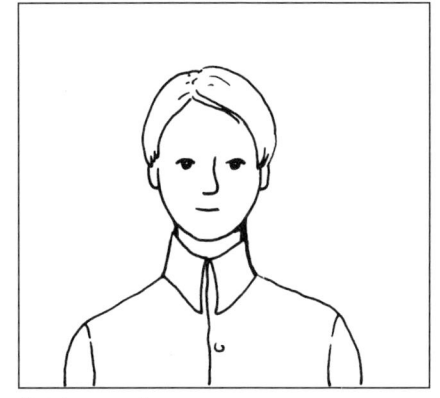

Zeichnung 5

Zeichnung 6

Zeichnung 7

Zeichnung 8

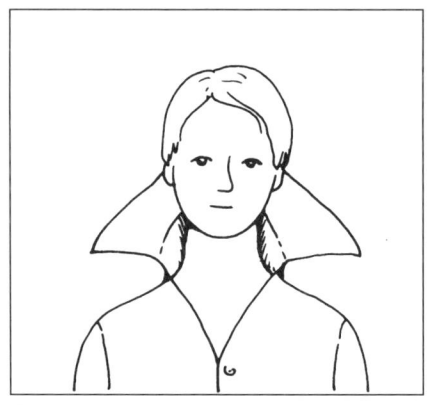

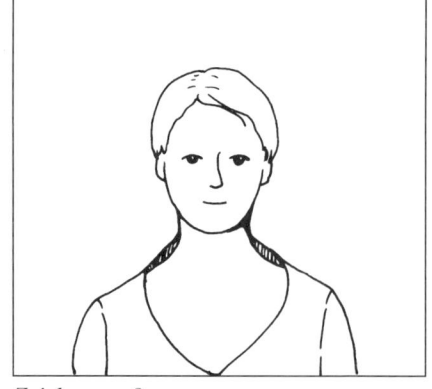

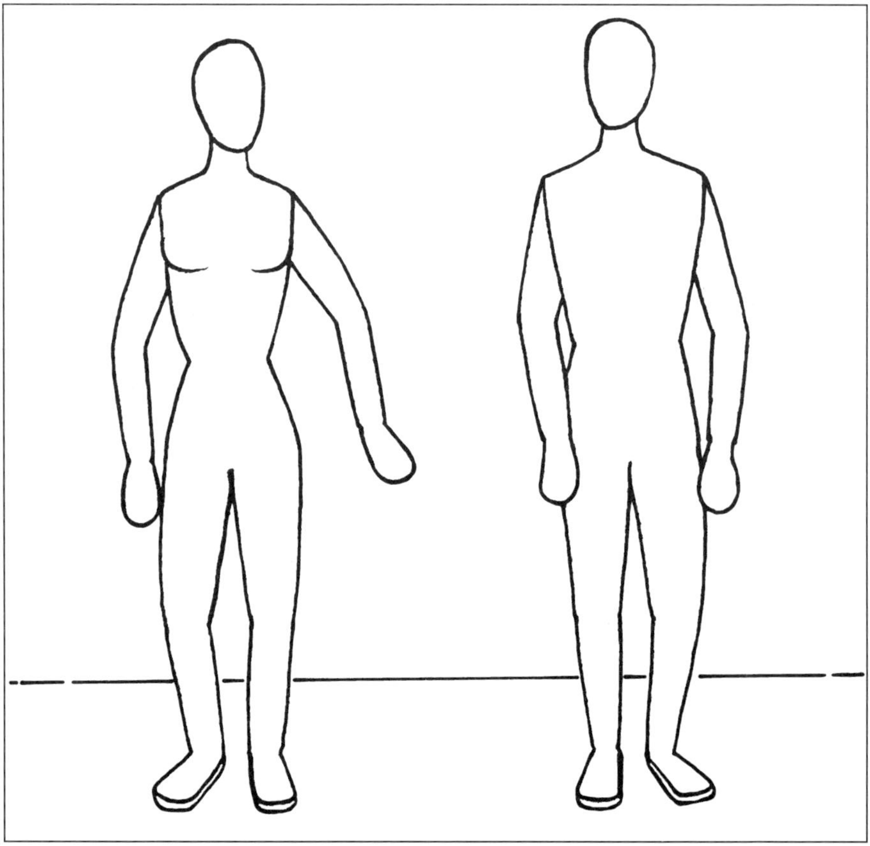

Zeichenvorlage

Zeichnungen: Elke Petersen

kraftvoll) die Wirkung einer Figur. Als Möglichkeit zur ersten Annäherung eines Kostümentwurfs hat es sich bewährt, mit Hilfe einer Zeichenvorlage (*Abbildung S. 62, unten*) Entwürfe anfertigen zu lassen, wobei es auf zeichenhaft vereinfachte Formen ankommt. (*Beispiel: Figurinen zu F. K. Waechter „Schule mit Clowns"*)

Das absolute (abstrakte) Kostüm

Sobald ein Kostüm für eine Bühnenfigur zu entwickeln ist, sollte von ihrem Charakter ausgegangen werden. Das absolute Kostüm versucht, Formen und Farben für sich sprechen zu lassen. Seit den Versuchen im Bauhaus (*Oskar Schlemmer*), ist es auch im Schultheater üblich geworden, mit derartigen Kostümen zu spielen. Die Abbildung aus der Produktion „Bewegte Figuren" (*s. Seite 66*) zeigt einen solchen Entwurf. Geometrische Formen bestimmen den Charakter der Figur und lassen den menschlichen Körper zurücktreten. Sie bezieht also ihre Wirkung aus dem Gegeneinander dieser Formen (spitz, rund, breitgelagert usw.). Das Spiel in einem solchen Kostüm erfordert eine ihm entsprechende Gestik und Bewegung, die sich aus diesen Formen ergeben. Es werden sehr straffe, metrische Bewegungsabläufe sein, die wenig Menschliches haben.

Kleidung und Material

Bisher wurden einfache Materialien benutzt, um das Kostüm und seine Wirkung in Form und Farbe vorzustellen. Eine andere, durchaus angemessene Möglichkeit besteht darin, aus einem möglichst reichen Fundus ein Kostüm für eine Figur zu entwerfen. Die Spielleitung sollte gleich zu Beginn von den Schülerinnen und Schülern alte Kleidungsstücke zusammentragen lassen (Frack, Trenchcoat, Feu-

Dr. Sinn

erwehruniform, Overall, Abendkleid, Morgenmantel). Es geht dabei nicht um komplette, im Stadttheater ersteigerte Kostüme, sondern um alltägliche Kleidungsstücke. Dieses Kostümmaterial kann in seiner eigentlichen

Wiesel

Quaste

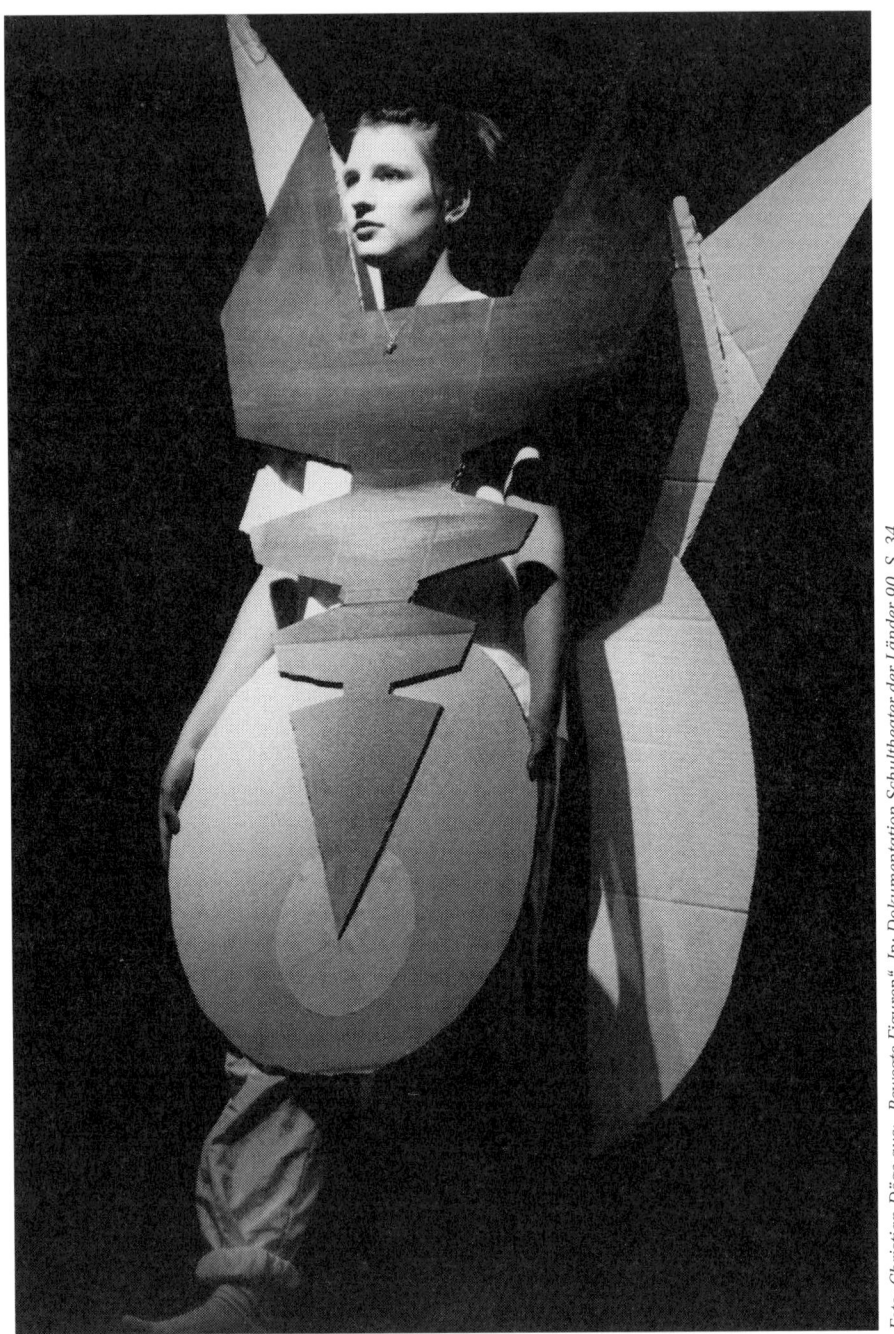

Foto: Christian Döge aus: „Bewegte Figuren". In: Dokumentation Schultheater der Länder 90, S. 34

Bedeutung eingesetzt werden, z. B. der Frack für einen Kellner, aber auch für den Teufel. Beim ersten Beispiel macht das Kostüm eine Figur deutlich, beim zweiten kommentiert es sie.

Außerdem sind Materialien aller Art zu gebrauchen: Stoffe, vom Rupfen bis zum Seidenstoffrest, Stanniolpapier, Kupferblech, Schiffstaue, Fahrradketten usw.

Bei der Herstellung von Kostümen ist es auch denkbar, sich von dem vorhandenen Material zu einem Kostüm anregen zu lassen. Dabei kommt es darauf an, die Wirkung und Assoziation, die von einem Material ausgeht, zu erkennen, auszuprobieren, zu erforschen.

In *Christian Dietrich Grabbes* „Scherz, Satire, Ironie und tiefere Bedeutung" spielt der Teufel eine wesentliche Rolle. Bei den ersten Proben mit einer Theater-AG suchten sich die Schülerinnen und Schüler für die Rolle des Teufels die Kostüme aus dem Fundus selbst zusammen. Um den Klumpfuß des Teufels deutlich zu machen, verwendete eine Schülerin ein Ofenknie, eine zweite trat mit einem Skistiefel auf. Bei der dritten wurde ein Schuhkarton zum Klumpfuß. Alle Lösungen waren originell. Für den Verlauf des Spiels erwies sich der Skistiefel als die praktikabelste Lösung.

Schon der Materialcharakter eines Stoffes bietet Wirkungsmöglichkeiten optischer und akustischer Art und bestimmt Figur und Spiel. Die Gruppe sollte immer wieder probieren und vergleichen, denn der raschelnde Ton der Seide oder das Knirschen des Leders spielen mit. Bei dem Spiel zu *Arthur Honneggers „König David"* entschied sich die Gruppe für einen sehr groben, rauhen, festen Scheuerlappenstoff, um das Archaische deutlich zu machen. Eine andere Gruppe baute sich Kostüme aus Wellpappe und erfand dazu ein Märchen.

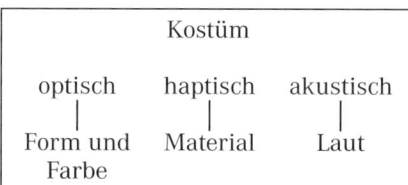

Kostüm		
optisch	haptisch	akustisch
|	|	|
Form und Farbe	Material	Laut

Foto: Michael Pack: „König David" von Arthur Honnegger

Bewegung und Spiel

Das Kostüm trägt dazu bei, eine gedachte Person, ihren Charakter, ihren Typ zu realisieren. Es erklärt die Persönlichkeit und ihre Möglichkeiten, schafft die Atmosphäre dieser Persönlichkeit, noch bevor sie gesprochen, gesungen oder eine Bewegung gemacht hat.

Versuch: Kostüm, Empfindung, Bewegung

Eine Spielerin, bekleidet mit einem engen Rock, einer Bluse und hochhackigen Schuhen, stellt sich auf die Bühne. Befragt, wie sie sich fühlt, wird sie an sich selbst erfahren, wie das Kostüm ihre Haltung bestimmt. Die Spielleitung bittet sie, nun über die Bühne zu gehen und sich auf einen Stuhl zu setzen. Auch dabei erlebt die Spielerin, wie das Kostüm ihren Gang und die Art, sich zu setzen, bestimmt. Diese zunächst äußere Haltung wird zwangsläufig zu einer inneren.

Der gleiche Vorgang kann mit Gummistiefeln, Jeans und weitem Pullover oder barfuß, mit weitem Rock und T-Shirt, mit Skischuhen, Hose und Jacke durchgeführt werden. Es dürfte nicht schwerfallen, viele weitere Variationsmöglichkeiten hinsichtlich der Bekleidung und des Schuhwerks zu finden.

So einfach diese Übung erscheint, so wichtig ist sie doch, um die Beziehung zwischen Kostüm und Bewegung zu erleben. Möglichst alle sollten diese Erfahrung machen. Erst durch das Erleben werden sie die entsprechenden Bewegungen finden und die jeweiligen Kostüme besser inhaltlich füllen.

Erprobung: Kostüm, Ausdruck, Bewegung

Alle bekommen den Auftrag, sich vorzustellen, sie seien ein Tier (z. B. Maus, Schlange, Giraffe, Rhinozeros, Adler) und aus der Vorstellung von diesem Tier, Bewegungen zu finden, mit denen sie z. B. einen Mantel oder eine Jacke anziehen. Es geht nicht darum, die Bewegungen eines Adlers nachzuahmen, sondern durch die Art und Weise, wie der Mantel oder die Jacke angezogen wird, das Wesen des Adlers, das Adlerhafte, darzustellen.

So entwickeln sich Bewegungen, die wir dem Adler zuschreiben, wie Stolz, Mächtigkeit, Weitsicht etc. Hätte der Auftrag geheißen, nur Stolz, Mächtigkeit oder Weitsicht darzustellen, wäre das Angebot wahrscheinlich dürftiger ausgefallen.

Insbesondere zur Rollenfindung und Ausgestaltung bieten sich Übungen dieser Art an.

Erprobung: Kostüm und Szene

Die Grundlage bietet ein Textauszug aus dem Theaterstück „Frauen, Krieg, Lustspiel" von *Thomas Brasch* (*Brasch* 1989, S. 23):

---

1. Zeit der Spiele
Darstellerinnen der Rosa und der Klara inmitten eines mannshohen Schachspiels
Darstellerin der Klara: Wasn wasn so gehts aber nich
überhaupt nich gehts so wenns so gehn würde
na ja zum lachen
Darstellerin der Rosa: Klar geht das so Iss doch mein Turm
mit dem kann ich hin wo ich hinwill
Schließlich und endlich
Darstellerin der Klara: Und wer steht dann schließlich und endlich
im Schach Tief drin bis über beide Ohren hier
Siehste nich so gehts nich Da mußte dir schon
was Neues ausdenken Was Neues
Nimm dochs Pferd hier

Darstellerin der Rosa: Finger raus
aus meine Figuren aber schnell
S Pferd bleibt wos iss Haste verstanden
Laß es stehn sag ich dir Klara und
zwar
jetzt nehm ich den Läufer hier und was
sag ich Schach
sag ich Schach und was sagste nu
Darstellerin der Klara: Aaaaja Schach
sagste aaaja also Schach
iss berechtigt Mit voller Berechtigung
Dann nehm ich dann nehm ich n Bauern nich zu verachten
den stell ich mal einfach auf Schwarz
wie die Nacht einfach n Bauern vorn
König und stehste blaß
was machstn jetzt Sag mal was
Darstellerin der Rosa: Sagn sag ich
überhaupt niks aber machen mach ich
was
nämlich den Läufer den hier
schick ich in die Rente na siehste
ein Tritt von mein Pferd und krach
bist wieder Schach
Darstellerin der Klara: Mitn Pferd
also mitn Pferd
Das liebe Tier [...]

Je zwei Spielerinnen spielen diesen
Szenenausschnitt erst in engen Röcken
und hochhackigen Schuhen, dann in
Jeans, barfuß und weiten Pullovern.
Auch hier läßt sich beobachten, wie
verschieden diese Szenen auf das
Publikum wirken. Dabei kann es im
Verhältnis zum Text und seiner sprach-
lichen Gestaltung zu schlüssigen, gro-
tesken, aber auch widersprüchlichen
Lösungen kommen. Es hängt vom
Konzept ab, für welche Lösung sie sich
entscheiden.
Diese Übung ist über das Betrachten
der Kostüme und ihrer Beziehung zum
Spiel hinaus einer der Ansätze zur
Konzeption einer Inszenierung. Dann
ist es auch nicht mehr ungewöhnlich,
Antigone bekleidet mit Jeans auf der
Bühne zu sehen, Faust im Smoking
oder die Gefährten von Karl Moor in
Punkerkostümen. Daß das Kostüm,
abgesehen von der optischen Information, auch durch den spielerischen
Umgang mit ihm den Charakter der
Figur verdeutlichen kann, zeigt uns
Brecht in seiner Puntila-Inszenierung.
„In der zweiten Szene, wenn Puntila
von seiner Tochter, des Alkoholvorrats
beraubt, einen Ausbruch von Lear-
schem Format hat, versucht er während der Tiraden seinen großen Mantel zuzuknöpfen. Da er ein Knopfloch
oben ausläßt, bleibt ihm unten ein
Knopf übrig. Kurzentschlossen reißt
er ihn ab" (Brecht, 1952, S. 21).
Diese Möglichkeiten, mit einem Kostüm
zu spielen, um dadurch Eigenschaften
eines bestimmten Charakters durch
das Spiel deutlich werden zu lassen,
werden u. E. zu wenig genutzt.

Versuch

Alle Mitspielenden liegen auf dem
Boden und halten die Augen geschlos-
sen. Die Spielleitung erzählt etwa folgende Geschichte (Traumreise):

„Stell dir vor, du befindest dich auf
einem Schiff, (in einem Auto, du wan-
derst durch eine Gegend usw.). Du
siehst am Horizont eine Insel auftau-
chen. (Annäherungen an den Ort lange und ausführlich beschreiben, um
Ruhe und Atmosphäre herzustellen).
Du kommst in einen großen Saal und
siehst viele verschiedene Kleidungsstücke auf dem Boden verstreut liegen. (Nebenbei werden eine Fülle von
Kleidungsstücken auf den Boden gelegt). Öffne die Augen, suche dir ein
Kleidungsstück heraus und betrachte
es genau. Welche Farbe und Form hat
es? In welchem Zustand befindet es
sich? Wie riecht es? Wie fühlt es sich

an? Kannst du damit Geräusche erzeugen? Wem könnte es gehört haben? Schreibe auf, was dir dieses Kleidungsstück erzählt, z. B: ich bin ein ..., ich gehörte..., mein rechter Knopf fehlt, weil ... usw. "

Im zweiten Teil der Übung tritt jede Figur einzeln in einen Wartesaal ein. Dabei kommt es nicht darauf an, die gefundene Geschichte zu erzählen, sondern durch Haltung, Geste, Bewegung, Umgang mit dem Kostüm und die Reaktion auf andere die Figur deutlich werden zu lassen. Auf diese Weise kann ein Stück oder der Anfang einer Eigenproduktion eingeführt werden.

Charly Chaplin beschreibt, wie er zu seinem Kostüm gekommen ist. „... als ich auf dem Weg zur Requisitenkammer war, kam mir die Idee, ausgebeulte Hosen, riesige Schuhe, einen Spazierstock und eine schwarze Melone als Kostüm zu nehmen. ... Zunächst wußte ich noch nichts von dieser Figur, als ich aber das Kostüm am Leibe hatte, ließen mich die Kleider ... fühlen, was für ein Mensch das war ... Er ist ein Tramp, ein Gentleman, ein Dichter, ein Träumer und ein einsamer Bursche." (zitiert nach Michael Kramer 1984, S. 5)

Kostüm als strukturelles Element
Im Verlauf eines Stückes kann sich ein Kostüm auch ändern. Dadurch wird die Entwicklung des Charakters sowohl im Psychischen als auch im Physischen mitgetragen. Ob Oedipus, König Lear oder Mutter Courage – die Veränderung ihres Kostüms trägt zur Strukturierung eines Stückes bei.
Auch im Schultheater bleibt das Kostüm selten gleich. Es verändert sich im Lauf der Handlung. Das Kostüm trägt dazu bei, einerseits das Geschehen plastischer zu erzählen, andererseits bietet es den Spielenden eine Hilfe, ihre Figuren reicher zu machen.

Folgende Punkte sollten bedacht werden:
Das Kostüm muß nicht nur zur Rolle, sondern auch zur betreffenden Persönlichkeit passen. Daher ist es ratsam, das Kostüm am jeweiligen Körper zu entwickeln. Wichtig ist dann, möglichst früh mit dem Kostüm zu spielen. „Goethe, als er Direktor des Weimarer Theaters war, sagte zu einem Schauspieler: spielst Du morgen in Schuhen, sollst Du heute nicht in Stiefeln probieren." (*Ernst Stern* 1955, S. 77.)
Im Idealfall ist das Kostüm wie eine zweite Haut.
Oft taucht beim Schultheater die Frage auf, ob sich die Spielenden in ihrem Kostüm vor der Aufführung dem Publikum zeigen sollten. Das mag zunächst eine Frage der Disziplin sein, im Grunde aber zeigen sich dadurch zwei Auffassungen, die Produktion vorzustellen: Zeigen sie sich, weisen sie damit auf den Arbeitscharakter ihres Spieles hin. Zeigen sie sich nicht, betonen sie das Ereignishafte. Über diese unterschiedliche Wirkung sollten sich alle im klaren sein.

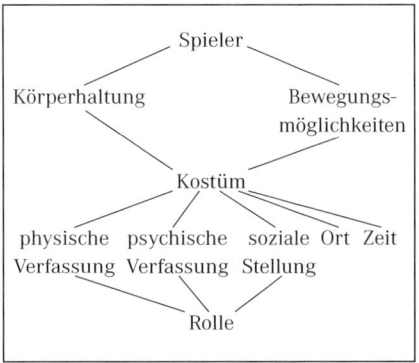

70

Spiel mit Masken

Training

Isolationsübungen: Kopf
● Die Gruppe steht in gelöster Haltung im Kreis. Langsam wird der Kopf in Kreisform bewegt. Die Bewegungen werden immer größer und mehrere Male wiederholt, danach in geänderter Drehrichtung.

● Alle Mitspielenden legen nun den Kopf weit nach hinten in den Nacken und führen langsam das Kinn nach vorne auf die Brust. Sie spüren eine Dehnung in den Halswirbeln.

● Die Mitspielenden schieben ihr Kinn möglichst waagerecht nach vorne und nehmen es danach waagerecht zurück zur neutralen Haltung.
Variation: Kinn möglichst waagerecht nach hinten schieben und wieder zurück zur neutralen Haltung. Übung mehrmals wiederholen, dabei immer die neutrale Position zur Entspannung benutzen.

● Gesicht nach vorn, Kopf ohne Drehung abwechselnd zur linken und rechten Schulter kippen, dazwischen immer zur neutralen Haltung zurückkehren und entspannen.

● Kopf ohne Drehung seitlich nach rechts versetzen, zurück zur neutralen Haltung. Kopf seitlich nach links verschieben. Das Gesicht schaut immer nach vorn.

Isolationsübungen: Schulter
● Die Mitspielenden lassen Arme und Schulter entspannt hängen. Beide Schultern machen große Kreisbewegungen nach vorne. Sie achten darauf, daß der Bewegungsimpuls aus der Schulter kommt. Neutrale Haltung. Kreisbewegung nach hinten.

● Sie beginnen mit der rechten Schulter, so daß eine Schulter unten und die andere oben ist bzw. umgekehrt. Neutrale Haltung. Drehung wechseln.

● Mit den Schultern kreisen sie immer schneller und verkleinern dabei die Kreise immer mehr, bis der Kreis auf einen Punkt zusammenschrumpft. Neutrale Haltung.

● Sie ziehen beide Schultern nach oben (zu den Ohren). Neutrale Haltung. Beide Schultern tief nach unten ziehen. Wiederholung.

● Die rechte Schulter wird extrem hochgezogen und die linke bleibt waagerecht. Neutrale Haltung. Rechte Schulter extrem tief ziehen und die linke bleibt waagerecht. Seiten wechseln. Die unbeteiligte Schulter sollte ihre waagerechte Linie nicht verlassen.
Weitere Isolationsübungen haben wir bereits im Kapitel: Körper, Raum und Bewegung vorgestellt.

Der Riese
Alle Mitspielenden gehen im Raum, den rechten Arm angewinkelt. Wichtig dabei ist die eigene Vorstellung, daß der rechte angewinkelte Arm immer schwerer wird. Der ganze Körper konzentriert sich auf den schweren rechten Arm, und die Bewegungen

werden schwerfälliger und langsamer. Sie begrüßen sich untereinander.

Sie begeben sich in die Vorstellung, sie seien ein Riese, der auf die Menschen herabblickt – und gehen in dieser Haltung durch den Raum, bleiben stehen und betrachten sich gegenseitig.

Diese Übungen sollten auch mit einer Maske durchgeführt werden. Die Mitspielenden werden sehen, daß die Körperhaltung zugleich auch immer einen Inhalt transportiert.

Masken: Herstellung und Spiel

Die Maske hat ihren Ursprung im Kultischen. Wir sollten große Achtung vor Völkern haben, denen die Masken, in welcher Funktion auch immer, selbstverständlicher Besitz ihrer Kultur sind. Deshalb verbietet sich der sorglose Umgang mit Masken, sie sind mehr als ein ästhetischer Gegenstand. Sie zeigen uns ein Verständnis von Gottheit, Welt und Leben, das unserem mitteleuropäischen Denken und Fühlen fremd bleibt.

Wenn das Schultheater mit Masken arbeitet, so sollten es Masken sein, die hier und jetzt entstanden sind. Auch diese Masken haben ihr Wesen. Doch weil sie nicht von einer Kultur getragen werden, sind sie nicht von so umfassender Art. Sie sind ein ästhetischer Gegenstand, in dem die Intention des Maskenmachers deutlich wird, sich durch Form, Farbe und Material erklärt. Wie jeder ästhetische Gegenstand zeigen sie die Eigenheiten und Veranlagungen des Herstellenden und können damit das Innere zur äußeren Anschauung bringen. So wird die Maske zum Spiegel des Maskenproduzierenden.

Im Theater sind Masken ein Ausdrucksmittel – von der griechischen Tragödie über die Commedia dell Arte bis hin zum modernen Theater bei *Brecht* und dem „Bread and Puppet Theatre". Dabei hatten sie durchaus nicht immer die gleiche Funktion, und auch das Verhältnis des Spielers zu seiner Maske war dabei nicht immer gleich. Bei den Griechen (der klassischen Zeit) bedeutete das Theaterspiel immer noch eine kultische Handlung, wobei sich der Darsteller durch die Maske in ein für Gott geweihtes Wesen verwandelte. Bei der Commedia dell Arte vertrat, noch wissend um die Komödien des Theaters der Römer, die Maske einen Typ. Dem *Brecht*-Theater diente die Maske zur Übersteigerung und Verfremdung einer Figur. „Bread and puppet" steigert die Maske zum Monumentalen und Grotesken. In allen Fällen unterstützt die Maske das Spiel so stark, daß es von ihr bestimmt wird. Nie war die Maske bloßes Dekor, um das Spiel bunter oder reicher zu machen.

Wenn wir im Schultheater mit Masken spielen wollen, sollten wir genauer untersuchen, welche Aufgaben sie im Spiel übernehmen können und wie sich das Spielverhalten durch Masken verändert. Das beginnt bereits beim Maskenbau. Hier gibt es zwei Wege: der eine geht von einer Vorlage, unter Umständen auch von einer Idee aus, der andere läßt aus den selbstgebauten Masken ein Spiel entstehen. Wenn irgend möglich, sollte in jedem Fall der Spieler seine Maske selbst bauen.

Spiel mit Masken

● **Herstellen einer Kartonmaske**
Wir beginnen mit einer einfachen Maske aus Karton.
● Material: Karton (Aktendeckelstärke: 42 x 32 cm), Hefter, Schultempra, Gummiband, Schere.

● Ausführung: Der Karton wird auf das Gesicht gelegt, Auge, Nase und Mund mit Bleistift fixiert und dann ausgeschnitten. Nun wird seitlich, in Höhe der Augen, waagerecht eingeschnitten, unter dem Kinn senkrecht. Die Schnittflächen werden übereinandergelegt und mit einer Heftklammer zusammengehalten, dabei sollte am Gesicht Maß genommen werden (s. *Abbildung*).

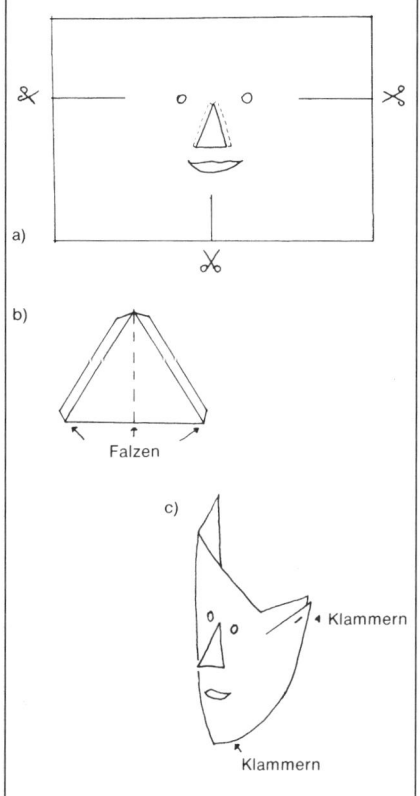

Für die Nase wird aus einem zweiten Kartonstückchen ein Teilrhombus mit Klebefalz ausgeschnitten, entsprechend gefalzt und aufgeklebt. Mit zwei weiteren Heftklammern wird das Gummiband in Höhe der Augen befestigt. Danach werden die Masken bemalt. Dabei sollten nicht mehr als drei Farben verwendet werden. Für die Bemalung gibt es keine weiteren detaillierten Anweisungen, um möglichst vielfältige Lösungen zu erzielen.

Versuch: Die Wirkung der Maske

Alle Masken werden an die Wand gehängt und von einer Seite beleuchtet. Es lohnt sich, sie zunächst in Ruhe zu betrachten. Beim genauen Hinsehen wird auffallen, daß durch Bemalung und Form die Masken eine ganz unterschiedliche Wirkung besitzen. Es gibt Masken, die durch sparsam verwendete Formelemente eine streng formale Wirkung haben. Andere wirken durch ihre lebhaft-bewegte Bemalung expressiv, und schließlich stellen Masken einen bestimmten Menschentyp dar. Es lassen sich daher, von der Bemalung ausgehend, drei verschiedene Kategorien aufstellen·

○ streng formal

○ expressiv

○ Typ darstellend

Versuch: Maske und Bewegung

Alle Mitspielenden nehmen ihre Maske und betrachten noch einmal die Farbformen, folgen auch mit den Händen den gemalten Formen, um so die Maske kennenzulernen, sich ihres Wesens bewußt zu werden und herauszufinden, welche Bewegungen ihr entsprechen könnten.

Sie erproben zunächst für sich allein verschiedene Bewegungsabläufe, dann zu zweit, sich gegenseitig ihre Beobachtungen mitteilend, um schließlich mit den Maskenspielern ihrer Kategorie eine kleine Szene zu entwickeln, z. B. für streng-formale Masken: Versammlung eines Geheimbundes (Ritual); für expressive Masken: Fest der bösen Geister (Ereignis); für typdarstellende Masken: eine ihrer Wirkung entsprechende Situation, Kinder ärgern einen Alten o. ä.

Jede Maske hat ihren Charakter und eine Aura, die sie umgibt. Es gilt, den Charakter herauszufinden und sich zu eigen zu machen, um so mit der neuen Situation, dem neuen Körper, der dem Mitspielenden zur Verfügung steht, vertraut zu werden, ohne dabei aber ihre Aura zu verletzen. Die *streng formalen Masken* werden rhythmisch-

Fotos auf den Seiten 74/75: Caesar Bauer

metrische Bewegungen fordern, die *expressiven* motorisch-dynamische Gesten. Die Masken, die einen *Typ darstellen*, verlangen Bewegungen anderer Art, denn sie werden durch den erzählenden Charakter der Maske

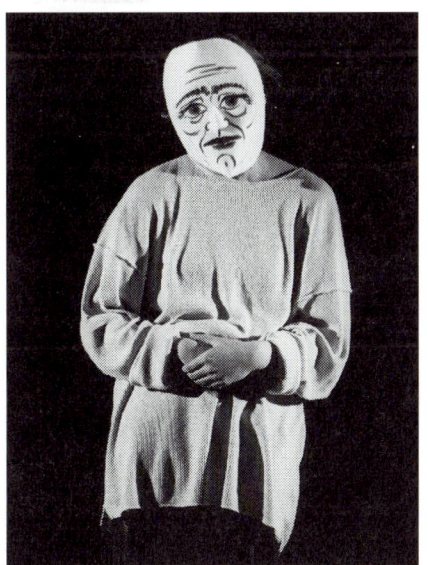

bestimmt. So können wir eine aufgebrachte Lehrerin sehen oder einen ängstlichen Hausbesitzer.

Wichtig ist zu erkennen, daß Masken keine Verkleidung sind. Die Spielenden müssen sich in Haltung, Gestik und Bewegung zur Maske hin entwickeln und sich verwandeln, um ihren Anforderungen gerecht zu werden. Für das Spiel mit Maske gelten andere Gesetzmäßigkeiten bezüglich Körperhaltungen, Gängen und Bewegungsabläufen. Je nach Maskentyp werden die Bewegungen langsamer, einfacher, größer, sie brauchen dafür Platz. Masken brauchen Raum – und das nicht nur für sich, sondern auch in dem Umfeld, in dem sie agieren. Sie müssen „atmen" können, um so ihre Wirkung im Spannungsfeld Raum zueinander entwickeln zu können.

Masken müssen zum Publikum hin gespielt werden. Das hat zur Folge, daß die Gänge, Auf- und Abtritte genau kontrolliert werden müssen, um zu sehen, inwieweit sie zur Wirkung kommen. Aus demselben Grunde sollte der Abstand zur zuschauenden Gruppe nicht zu gering sein. Auch die Spielenden selbst müssen den Abstand zu ihren Masken wahren. Sie dürfen sie nicht direkt berühren, sondern müssen den Bewegungsablauf kurz vor der Maske stoppen.

Erprobung: Gruppierung

Vierergruppen erhalten den Auftrag, zum Thema „Gerücht" eine Gruppierung aufzubauen, wobei drei die Gruppe bilden und die vierte Person die einzelnen Figuren stellt. Selbstverständlich wird auch gewechselt, damit jedes Gruppenmitglied sehen und mitarbeiten kann. Nach Vorstellung der Ergebnisse werden in der Diskussion die für die Bewegung mit Masken geltenden Gesetzmäßigkeiten überprüft:

große Gesten, Raum lassen, nach vorne spielen usw. Dabei werden die Spielenden erfahren, daß der Umgang mit Masken sich befreiend auf ihr Spiel auswirkt; denn die Masken schaffen eine vermeintliche Distanz zum Publikum. Die Aktiven wähnen sich im Versteck, und so verlagert sich ihre Spielenergie in die Bewegung. Das Spiel wird dadurch körperbetonter. Und die Distanz bewirkt eine innere, der Maske gemäße, Konzentration, die sich im Spiel durch entsprechende maßvolle Gesten und Gänge zeigt.

Bei Eigenproduktionen, in denen nur mit Masken gespielt wird, kann es dazu kommen, daß der Spannungsbogen über mehrere Szenen hinaus nicht gehalten werden kann, denn die Reduktion und Strenge, die das Maskenspiel erfordert, läßt nur eine begrenzte Anzahl von Spielmöglichkeiten zu. Es besteht dann die Gefahr, daß das Interesse des Publikums erlahmt. Sehr reizvoll kann es sein, wenn Spieler/innen mit und ohne Masken in einem Stück zusammen auftreten, da hier verschiedene Spielformen aufeinandertreffen und sich schon dadurch eine Spannung ergibt.

Der Einsatz der Sprache im Maskenspiel ist nicht ohne Schwierigkeiten, weil zunächst der optische Eindruck der Mitspielenden die Zuschauer gefangennimmt und durch die Maske eine neue Realitätsebene geschaffen wird, die ihre Entsprechung in der sprachlichen Gestaltung finden muß. Zudem ist es für den Maskenträger rein technisch schwierig, deutlich und artikuliert unter der Maske zu sprechen. Nicht zuletzt deswegen spielte die Commedia dell Arte mit Halbmasken. Bei den Vollmasken ist es sinnvoll, die Sprache sparsam einzusetzen und das Sprechen entweder von der Artikulation her zu verfremden, einen Zweitspieler sprechen zu lassen oder den Text aus dem Off zu geben.

All diese Überlegungen sind nötig, weil nur so die Aura der Masken gewahrt bleibt und die ihnen eigene Poesie ins Spiel kommen kann, die sich nur dann dem Publikum erschließt. Die Wirkung des Maskenspiels wird verstärkt durch die Kombination mit Musik, Kostüm und Licht. Es lohnt sich immer, diese Gestaltungsmittel mit ins Spiel zu bringen und mit ihnen zu experimentieren (vgl. entsprechende Kapitel). Die zusätzlichen Gestaltungsmittel sollten aber die Wirkung der Masken nicht erschlagen. Auch hier gilt: weniger ist oft mehr! Schließlich hat das Maskenspiel einen rein organisatorischen Vorteil: Eine Spielerin bzw. ein Spieler kann nacheinander mehrere Rollen mit den entsprechenden Masken spielen.

Aus der Vielzahl von Möglichkeiten stellen wir drei Herstellungsverfahren vor:

● Herstellung einer Gipsmaske
○ Material: Gipsbinde, Vaseline, ein Becher mit Wasser, eine Schere, ein alter Kittel (Tuch), Stirnband, breites Gummiband.
○ Ausführung: Das Gesicht wird mit Vaseline eingerieben, damit sich die Maske hinterher leicht vom Gesicht abnehmen läßt. Zusätzlich werden die Augenbrauen und der Haaransatz mit Papiertaschentüchern abgeklebt. Die Gipsbinden werden in kleine Stücke geschnitten, in Wasser getaucht und auf das Gesicht gelegt.

Die Stücke sollen sich überlappen und müssen verstrichen werden. Der Rand wird zusätzlich verstärkt. Nach Abbinden des Gipses wird die Maske vorsichtig abgenommen und in Augenhöhe das Gummiband befestigt.

Das Material läßt es zu, Gesichtsformen (Stirn, Nase, Backenknochen, Kinn) bis zum stark Expressiven und Karikativen hin zu betonen. Die weißen Masken besitzen einen starken Ausdruck, der durch Bemalung noch betont und verändert werden kann. (Herstellungsdauer: etwa eine Stunde)

● Großmasken auf Ton
○ Material: 1 Plastiktüte, straff gefüllt mit Zeitungspapier, Brett als Unterlage, mindestens 5 kg feinen Ton, Draht, Klarsichtfolie, Packpapier, Tapetenkleister, Modellierholz, Ponal-Holzleim, Schere Kartonstreifen zur Befestigung.
○ Ausführung: Die gefüllte Plastiktüte liegt auf dem Arbeitsbrett und wird mit ca. drei cm dicken Tonscheiben bedeckt. Der Ton muß dazu gut knet- und formbar sein. Es ist wichtig, daß die Grundform konvex wird, um dem Volumen des Kopfes zu entsprechen. Die Maskenform läßt sich gut mit den Händen modellieren. Das Material beeinflußt dabei die Formgebung. Im nächsten Arbeitsschritt wird die Grundform der Tonmaske mit der Klarsichtfolie abgedeckt, um später das Herauslösen des Tonkerns zu ermöglichen. Das Packpapier wird danach in Tapetenkleister getaucht und schichtweise auf die Klarsichtfolie gelegt (kaschiert). Das Papier sollte nicht zu stark mit Leim getränkt sein. Drei Schichten werden aufgelegt, die Ränder ein viertes Mal verstärkt und abschließend die Formen der Maske noch einmal fest angedrückt. Wichtig: Zeit zum Trocknen lassen (ca. 24 Stunden). Wenn es schnell gehen muß, kann die Maske auch im Backofen bei 100 Grad und leicht geöffneter Ofenklappe etwa eineinhalb Stunden oder mit dem Haarfön getrocknet werden. Das Lösen des Tonpositivs von der eigentlichen Maske geschieht, indem zuerst die Plastiktüte herausgezogen und dann der Ton und die Haushaltsfolie entfernt werden. Die Maske sollte gut ausgetrocknet sein, bevor sie mit Ponal-Holzleim von innen versiegelt wird. Sie wird der Kopfform angepaßt und mit einem Gummiband versehen, das doppelt läuft, um der Maske mehr Halt zu geben. Und nicht vergessen: die Sehlöcher!

Selbstverständlich können auch diese Masken mit Acrylfarben bemalt werden. Am oberen Rand sollte ein Tuch befestigt werden, um so der Maskenform in der Rückenpartie einen Abschluß zu geben.

Foto: Caesar Bauer

● Übergroße Masken aus Papiermasse (Schwellköpfe)
○ Material: Maschendraht (80 x 100 cm), Zeitungspapier, Tapetenkleister, Wolle, Stoffreste.
○ Ausführung: Der Draht wird zu einem Zylinder zusammengerollt und

Foto: Ingrid Anders

einer Kopfform angeglichen. Aus Drahtresten werden Ohren und Nase geformt und angefügt. Jetzt wird das Drahtgestell kaschiert. Die Papierschichten sollten nicht zu dick sein, damit die Maske nicht zu schwer wird. Nach ca. zwei Tagen Trockenzeit kann die Maske bemalt werden. Wolle und Stoffreste dienen als Haartracht.

Hier sei noch kurz auf die Materialmaske verwiesen. Aus den unterschiedlichsten Materialien lassen sich originelle und eigenwillige Masken bauen. Sie bieten der Phantasie beim Herstellen, Betrachten und Spielen eine Fülle von Anregungen.

Erprobung: Maskenspiel

Erdbewohner treffen auf Außerirdische. Das Spiel wird sich auf die Begegnung dieser beiden Gruppen konzentrieren. Durch die Gegenüberstellung von maskierten und nicht maskierten Mitspielenden könnte sich ein kontrastreiches Spiel ergeben, das

gleichzeitig auch die Spielmöglichkeiten der beiden Gruppen deutlich macht. Der Einsatz von Musik ist hier besonders reizvoll.

Foto: Günter Frenzel. In: Dokumentation Schultheater d. Länder 1990

78

Kartonmasken aus dem Kunstunterricht

Fotos: Kunst-Leistungskurs, Thomas-Mann-Schule Lübeck

Aus dem literarischen Bereich schlagen wir vor, einen Szenenausschnitt aus *Shakespeares* „Sommernachtstraum" (4. Akt, 1. Szene) zu spielen: Titania tritt mit ihrem Gefolge auf. Dabei wird nur der erste Teil dieser Szene gespielt – und das stark gekürzt. Für diese Aufgabe müßten Masken entworfen werden, um dem Charakter der Rollen gerecht zu werden. Hier sind die Masken von der Vorlage abhängig, anders als in einer freien Produktion, wo sich die Geschichte aus der selbstgebauten Maske entwickelt.

● Die Schminkmaske

Das Schminken dient zunächst der deutlicheren Konturierung von Gesichtszügen, mit wenig Farbe sich zu schmücken, sich zu verschönern, sich interessanter zu machen. Darüber hinaus dient das Schminken mit intensiven Farben der Veränderung der individuellen Gesichtszüge bis hin zur Typisierung einer Figur. Und schließlich kann durch Materialien ein Gesicht so weit gestaltet werden, daß es selbst zur Maske wird. Die Schminkmaske ist eine bewegliche Maske. Sie greift die Mimik der Spielenden auf und kann sie sogar unterstützen.

Das Schminken eines Gesichtes hat eine solche Faszination, daß Kinder schon in frühen Jahren erste Versuche anstellen. Jugendliche sind dann meistens bereits im Umgang mit Schminke erfahren, so daß sie sie auf der Bühne allein zum Zweck der Verstärkung ihres Gesichtsausdrucks einsetzen können. Dabei ist auf einer kleinen Bühne das Schminken kaum nötig, weil die Entfernung zum Publikum gering ist, so daß das geschminkte Gesicht eher verbirgt als deutlich macht. Große Bühnen und starke Scheinwerfer lassen das Schminken sinnvoll erscheinen, weil sonst die Gefahr besteht, daß die Gesichter ihre Plastizität verlieren.

Wir sind bis jetzt davon ausgegangen, daß die Gesichtszüge der Mitspielenden für eine Rolle rein optisch deutlicher werden sollen und damit das Schminken auch seine Funktion für das Spiel haben kann. Von der Möglichkeit, ein jugendliches Gesicht stark zu einem Charakter hin zu verändern, z. B. Jugendliche „auf alt" zu schminken, sollten wir dagegen Abstand nehmen. Zu leicht werden solche geschminkten Gesichter unglaubwürdig, und das wirkt dann lächerlich. Alter kann stärker und überzeugender durch das Körperspiel ausgedrückt werden. Zudem gehört ein großes Wissen dazu, solche Masken überzeugend zu schminken. Nicht umsonst gibt es beim Theater professionelle Maskenbildner/innen.

Es ist etwas anderes, wenn wir das Gesicht des Mitspielenden als Plastik benutzen, um darauf Phantasieformen aufzutragen. Das kann einerseits durchaus mit dem üblichen Schminken geschehen oder mit Materialien verschiedenster Art (Lehm, Mehl, Federn usw.). Solche phantasiebestimmten Schminkmasken erwarten auch ein phantasievolles Szenarium, das sich nicht an der Realität orientiert. Immer wieder sollte daran gedacht werden: Dieses starke Schminken, schon zur Maske hin, kann optisch sehr reizvoll sein. Aber auch hier besteht die Gefahr, daß die Maske zum Dekor verkommt.

Spielraum/Bühnenbild

Erinnern wir uns an den Satz von *Peter Brook*: „Ich kann jeden Raum nehmen und ihn eine nackte Bühne nennen ..." Das heißt nichts anderes, als daß wir jeden Raum zum Spielraum machen können, zu einem Raum, in dem es Spieler und Zuschauer gibt. Die unterschiedliche Anordnung des Publikums zur Spielfläche erweckt bei ihm eine bestimmte Erwartungshaltung und lenkt es.

Die übliche Anordnung Spielraum–Zuschauerraum läßt die Zuschauer aufgereiht, konzentriert in eine Richtung blicken (*vgl. Abb. 1*).

Die Zuschauer sitzen um eine kreisförmige Spielfläche, sehen ihr Gegenüber (*vgl. Abb. 2*). Die Anordnung, obwohl noch immer streng, lockert sich.

Die Zuschauer sitzen im Raum verteilt, der freibleibende Raum kann Spielfläche werden (*vgl. Abb. 3*).

Wie immer das Spiel laufen mag, das Publikum ist durch die Sitzordnung in einer bestimmten Erwartungshaltung und persönlichen Befindlichkeit, und so wird es sich zum Spiel verschieden verhalten. Diese drei verschiedenen Anordnungen des Publikums werden bezeichnet als:

- Guck-Kasten-Bühne
- Arena-Bühne
- Offener Spielraum

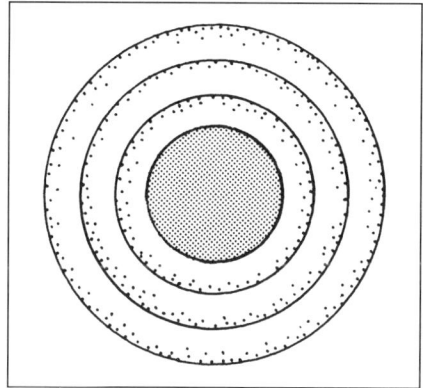

Abbildung 2

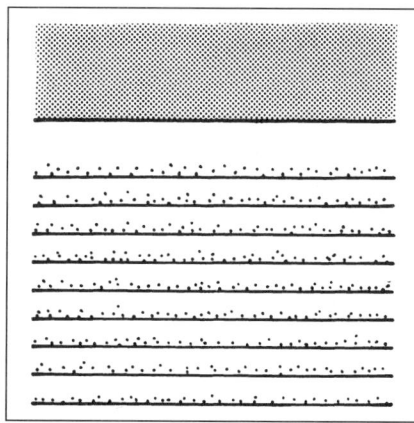

Abbildung 1

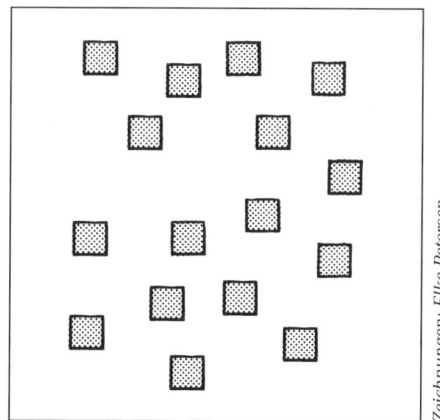

Abbildung 3

Zeichnungen: Elke Petersen

Versuch: Verschiedene Spielräume

Zunächst wird in den verschiedenen Spielräumen ein kleiner Versuch gemacht: Zwei Mitspielende werden gebeten, die Sätze: „Wir müssen morgen früh aufstehen." – „Ich will nicht, wir mußten erst gestern früh raus." in den drei verschiedenen Spielräumen zu spielen.

Worauf es hierbei ankommt, ist das Verhalten der Aktiven, ihr Spiel – und das Aufnehmen des Spiels beim Publikum.

● In der Guck-Kasten-Bühne wird die zuschauende Gruppe mit diesem kurzen Dialog einseitig konfrontiert. Von der strengen Anordnung der Sitzreihen geschützt, beobachtet sie scharf und distanziert. Auch die Spielenden empfinden diese Raumanordnung als Schutz, da sie nur zu einer Seite spielen und sich auf das Spiel konzentrieren können. In dieser Bühnenform wird das Spiel noch am ehesten zu einem Bild.

● Auf der Arena-Bühne erlebt das Publikum dasselbe Spiel zunächst einmal als Gemeinschaft, da sein Blick auf die Spielerinnen und Spieler, dann aber auch auf die gegenübersitzenden Zuschauer fallen wird. Es erlebt sich mehr als Zuschauende, wird aber andererseits auch mehr ins Spiel mit einbezogen. Das Spiel wird eher wie eine Plastik gesehen, da die Aktiven von allen Seiten betrachtet werden können. Ihre Spielhaltung muß dem entsprechen. Es muß nach allen Seiten hin offen und eindeutig gespielt werden. Das hat zur Folge, daß die Spielenden ungeschützter und unmittelbarer der zuschauenden Gruppe ausgeliefert sind, wie andererseits ihr Spiel direkten Einfluß auf diese nehmen kann.

● Im offenen Spielraum ist der ganze Raum Spielfläche, auf der das Publikum in Gruppen verteilt sitzt. Es wird so zwangsläufig ins Spiel einbezogen. Die Spielenden haben nahtlosen Kontakt zum Publikum. Ein Spiel entsteht, das nie die Deutlichkeit des Bildes oder der Plastik hat, aber sehr direkt als Spiel – bis hin zum Körperkontakt mit Zuschauern – wahrgenommen wird.

Wieweit das Publikum das distanzlose Spiel annimmt, ist eine Frage seiner Offenheit zum Spiel. Es hängt immer von der Interpretation eines Stückes und der Konzeption der Gruppe ab, welchen der Spielräume sie wählt.

Im folgenden wollen wir, von den Spielenden ausgehend, die Wirkung des Spiels im Raum untersuchen. Um überschaubar zu bleiben, konzentrieren wir uns dabei auf die Guck-Kasten-Bühne. Im Mittelpunkt steht die Frage: Welche Wirkung kann die Begrenzung der Spielfläche auf das Spiel haben?

Versuch: Gliederung der Spielfläche

Auf den Bühnenboden werden zwei Quadrate (mit Klebeband, Seilen o. ä.) gelegt (s. Abb. 4). Zwei Mitspielende (A und B) sollen in einem kleinen

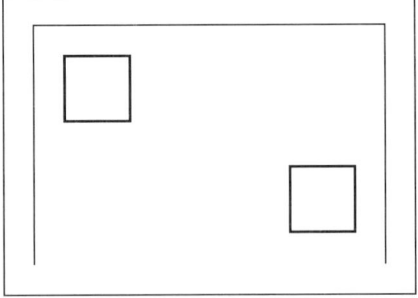

Abbildung 4

82

improvisierten Dialog zum Thema „Streit" in jeweils vier Sätzen eine Szene entwickeln, wobei sie die beiden Quadrate nicht verlassen dürfen. Durch die Begrenzung der Spielfläche werden die Spielenden zu einem stärkeren, konzentrierteren Spiel veranlaßt. Haltung und Bewegung müssen durch die Einschränkung zwangsläufig bewußter werden.

Durch das Nichtverlassen des Quadrates baut sich auf der Bühne allein aufgrund des räumlichen Abstands eine Spannung auf. Das gleiche läßt sich mit Themen ausprobieren, wie: eine Bitte vortragen, eine Standpauke (Rüge) halten, eine schreckliche/freudige Nachricht mitteilen, eine Liebeserklärung sagen.

Beim zweiten Versuch werden die Abgrenzungen parallel zueinander auf den Boden gelegt (s. Abb. 5) und mit den gleichen Dialogen Szenen gespielt. Dabei sollen Gänge nur entlang der Begrenzung möglich sein Die Nähe der beiden Aktiven und das Sich-Entfernen durch Gänge oder auch durch paralleles Gehen wird den Sätzen eine andere Wirkung geben.

Im dritten Versuch soll entlang eines Kreises gespielt werden (s. Abb. 6). Beim Betrachten und Besprechen der entstandenen Szenen werden wir immer wieder feststellen, daß die Gliederung des Raumes zugleich auch Gliederung und Intensivierung des Spiels bedeutet, die Wirkungen aber verschieden sind.

Im folgenden wird die Spielfläche um ein räumliches Element erweitert: das Podest. Dabei ist die Stellung des Podestes im Spielraum von Bedeutung. Von den vielen Möglichkeiten wählen wir die Position in der Mitte der Bühne und bitten die Spielenden, dieselben Szenen mit A auf dem Podest zu spielen. B ist der Spielraum freigestellt, soll jedoch die Erfahrungen der vorherigen Aufgabe bedenken.

Es fällt auf, daß der Spielraum von A ein anderer ist als der von B. Schon durch die veränderte Spielfläche sind die Spielmöglichkeiten von A beeinflußt. Das Podest setzt im Spielraum einen Akzent, der durch die Höhe noch betont wird. Die formale Erhöhung, zunächst ein optisches Zeichen, wird auch Einfluß auf die inhaltliche Wirkung dieser Szene haben. Die Veränderung der Spielfläche und des Spielraumes schafft also neue Spielmöglichkeiten, die das Spiel lebendiger werden lassen, es wesentlich akzentuieren und dadurch gleichzeitig Interpretationsmöglichkeiten anbieten. Der Raum wird zum Mitspieler, der die Spielhandlung stützt.

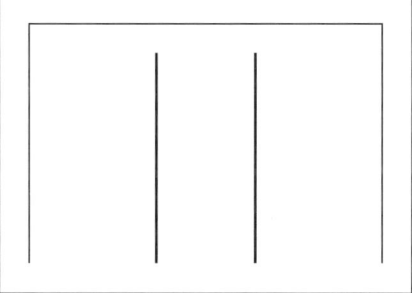

Abbildung 5

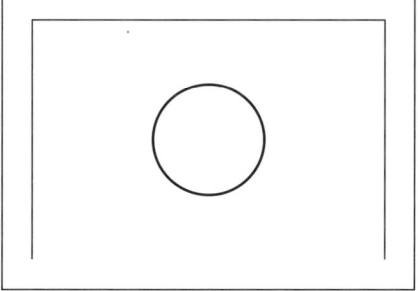

Abbildung 6

Bühnenraum/Bühnenbild

Das Spiel mit dem Podest führt zu genaueren Überlegungen zum Bühnenraum. Am Beispiel der Guck-Kasten-Bühne sollen hierfür Probleme und Möglichkeiten überschaubar aufgezeigt werden. Was auf der Spielfläche an räumlichen Veränderungen durch Form, Farbe, Material sichtbar wird, ist das „Bühnenbild". Der Begriff ist ungenau, denn es geht ja nicht, wie der kleine Versuch zeigt, um ein Bild, sondern um einen Raum, in dem agiert wird. Wir bleiben jedoch bei dem Begriff, weil es sich zum einen um einen Fachbegriff handelt, zum anderen, weil sich jede gestaltete Bühne zunächst als ein Bild präsentiert.

Das Bühnenbild gehört sicherlich zu den schwierigsten Aufgaben des Theatermachens, ist aber auch am ehesten entbehrlich, denken wir nur an die *Shakespeare*-Bühne. Im Schultheater wird das Bühnenbild häufig recht sträflich behandelt. Das mag einerseits an räumlichen und finanziellen Bedingungen liegen, andererseits jedoch auch an der geringen Kenntnis. Um die verschiedenen Möglichkeiten zu verdeutlichen, scheint ein Blick auf die Entwicklung des Bühnenbildes im 20. Jahrhundert angebracht.

Die Fotos unten und rechts zeigen zwei Bühnenbilder zu *Wagners* „Parsifal" (Der Gralstempel).

Das Bild von *Max Brückner* zeigt eine geschlossene, überaus reiche Architektur, straff gegliedert, mit einer kreisförmigen Betonung der Mitte. Teppiche, Marmorsäulen, Licht und der vorherrschende Goldton betonen die Kostbarkeit des Raumes. Dem Publikum wird ein illusionistisches Raumerlebnis vermittelt – ein Bühnenbild, das in der Geschichte als „Illusionsbühne" bezeichnet wird.

Max Brückner nach Entwürfen von Paul von Joukowsky, Parsifal-Uraufführung in Bayreuth 26. Juli 1882

Der Gralstempel. Szenenfoto der Bayreuther Parsifal-Neuinszenierung 1951

Wieland Wagner führt das Bühnenbild der Uraufführung auf zwei wesentliche Elemente zurück. Er verwendet lediglich zwei Senkrechte, um die Tempelarchitektur zu zeigen und den Kreis, der für die dramatische Situation entscheidend ist. Der Helligkeit setzt er einen mystisch dunklen Bühnenraum entgegen, in dem nur die zwei goldfarbenen Säulen Kostbarkeit signalisieren. Ein intensives Rot setzt einen Akzent. So wird das Bühnenbild

auf wesentliche Zeichen zurückgeführt. Beide Bühnenbilder enthalten selbstverständlich durch ihre Farb- und Formgebung eine Interpretation der Oper.

Luciano Damiani entwarf für *Georgio Strehlers* Inszenierung das Studierzimmer des Galilei, das sich auf realistische Details konzentriert. In der Bühnenhöhe setzt er einen Dachstuhl, ein Zeichen für Haus. In kargen, schmucklosen Wänden baut er nach

85

Luciano Damiani: Das Studienzimmer des Galilei.

In: Jahrbuch Theater Heute 1963, S. 57

genauem Studium der Renaissance Möbel und Gerätschaften. Sie sind realistisches Zeichen für die Situation. Die präzisen, realistischen Möbel und Geräte bestimmen den Bühnenraum. Wiederum wird das Bühnengeschehen durch Zeichen gestützt (s. *Foto oben*).

Für „Ariodante" von *Georg Friedrich Händel* entwarf *Willi Baumeister* 1926 ein Bühnenbild (*vgl. Abb. S. 87 oben*). Es ist leicht zu sehen, wie *Baumeister* die Architektur auf kubische Grundformen zurückführt, die zeichenhaft die Atmosphäre des Stückes einfangen. Die strengen einfachen Formen fassen die Situation allgemeiner und lassen dem Publikum Spielraum für Assoziationen.

Tatlin zeigt in dem Bühnenbild zu „Zangesi" von *Welimir Chlebnikow*

(1923), wie geometrische und kubische Formen zu abstrakten Zeichen führen (*vgl. Abb. S. 87 unten*).

An dem ersten Bühnenbild kann deutlich werden, daß ein Schülertheater nie eine Illusionsbühne erstellen kann, wie immer das Stück auch geartet sein mag, weil der Aufwand zu groß ist. Auch das zweite Bühnenbild ist vom Aufwand her für eine Schulbühne nicht zu realisieren, wohl aber weist das Bühnenbild einen Weg: die Reduktion auf dramaturgisch wesentliche Elemente.

Damiani zeigt, wie wenig Zeichen es bedarf, wenn sie nur präzise ausgewählt, d. h. auf das Stück und das Spielgeschehen bezogen sind. Denkbar ist auch, nur auf einfache, geometrisch-kubische Formen (Tor, Treppe, Tisch) zurückzugreifen, die, da sie so

Willi Baumeister: Bühnenmodell zu Ariodante, 1926

Wladimir Tatlin: Bühnenmodell zu Zangesi von Welimir Chlebnikow, 1923

allgemein gefaßt sind, in unterschiedlichen Funktionen eingesetzt werden können. Voraussetzung ist, das Stück läßt es zu. So können beispielsweise Styroporwürfel (50 x 50 x 50) zu Laufstegen, Liegestätten, Sitzgelegenheiten, Türmen, Mauern usw. verwendet werden. *Tatlins* Entwurf setzt auf die Phantasie des Publikums und dessen Assoziationsvermögen, denn die geometrisch-kubischen Formen stehen nicht in einem klaren Bezug zur Realität.

Vordringlich aber bleibt, wie bei allen Mitteln, die dienende Funktion des Bühnenbildes. Es unterstützt und spiegelt durch seine verschiedenen Elemente das Bühnengeschehen und hilft auf diese Weise beiden – Spielenden und Publikum. Es bringt Atmosphäre auf die Bühne, und durch die Gliederung des Bühnenraumes bekommen die Mitspielenden Spiel-Raum. Bühnenbild und Spieler ergänzen einander – oder stören sich. So kann ein zu üppiges Bühnenbild erdrückend wirken, weil die Zeichen zum Bühnenraum und die Zeichen zu den Mitspielenden nicht im Verhältnis stehen. Ein zu karges stützt sie möglicherweise nicht genug; denn das Bühnenbild soll ihnen helfen – in optischer Hinsicht und in bezug auf ihre Spielmöglichkeiten. Nur durch Ausprobieren des Bühnenbildes läßt sich Klarheit schaffen.

Es dürfte deutlich geworden sein, daß es auch für die Schulbühne wichtig ist, sich auf das Zeichen zu konzentrieren. Ob ein realistisches Zeichen (ein Stuhl oder ein Tisch) als Information dient oder z. B. ein Würfel als Tisch und Stuhl, hängt von der Konzeption des Stückes ab.

Häufig ist im Schultheater eine andere Form von Bühnenbildern zu sehen, nämlich die mit Hilfe von Draht, Lat-ten und Farbe gemalten oder plastisch geformten Gegenstände. Sie erfordern ein hohes Maß an Form- und Farbgefühl bei der Herstellung, wenn sie ernst gemeint sein sollen. Andererseits aber können sie gerade durch ihre dilettantische Ausführung auch eine bestimmte Atmosphäre auf die Bühne bringen, wie sie beispielsweise beim Kabarett oder bei satirischen Stücken gefragt sein könnte.

Erprobung: Bühnenbild

Da es fast unmöglich sein dürfte, Experimente auf einer großen Bühne durchzuführen, bedarf es eines Bühnenmodells (*s. Zeichnung rechts*). Auch wenn es den wirklichen Bühnenraum nicht ersetzen kann, lassen sich doch viele Beobachtungen grundsätzlich bereits am Modell fixieren.

Aus vier verschiedenen Materialgruppen soll ein Bühnenbild zum Thema „Wald" entstehen:
1. Materialgruppe: Wellpappe und Draht zum Versteifen
2. Materialgruppe: Maschendraht, Wikkeldraht, Lametta, Stricknadeln und Korken zum Versteifen
3. Materialgruppe: Styropor, Schaumgummi, Alufolie, Farben und Latten
4. Materialgruppe: Naturmaterial (Steine, Moos, Zweige usw.)

Spielmöglichkeiten wie Auf- und Abgänge, Bewegungen im Raum, Gruppierungen bis hin zum Spiel mit der Dekoration müssen berücksichtigt werden.

Bei der Betrachtung der Modelle wird deutlich, daß allein durch das Material zeichenhafte Formen entstehen, die von Material zu Material verschieden wirken. Die „Naturbühne" zeigt noch einmal, wie wenig ein illusionistisches Bühnenbild für das Schultheater möglich ist.

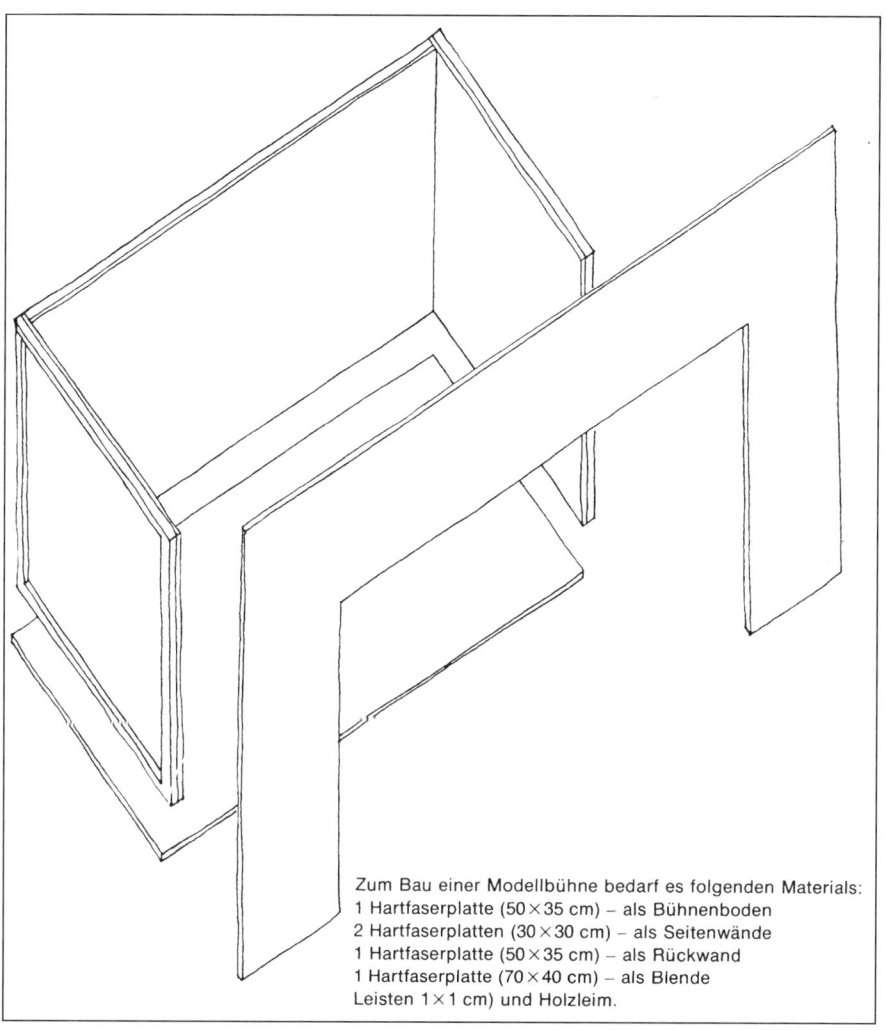

Zum Bau einer Modellbühne bedarf es folgenden Materials:
1 Hartfaserplatte (50×35 cm) – als Bühnenboden
2 Hartfaserplatten (30×30 cm) – als Seitenwände
1 Hartfaserplatte (50×35 cm) – als Rückwand
1 Hartfaserplatte (70×40 cm) – als Blende
Leisten 1×1 cm) und Holzleim.

In: C. Bubner/C. Mienert: Bausteine des Darstellenden Spiels. Frankfurt ³1985, S. 74

Bei der Besprechung wird neben dem Material, seiner Formung, seinem Reiz und der Anordnung dieser Zeichen im Bühnenraum auch die Farbigkeit zur Sprache kommen. Wie wichtig genaue Überlegungen zur Farbigkeit auf der Bühne sind, zeigen auch unsere Ausführungen zum Kostüm. In der kleinen Modellbühne werden nun Rück- und Seitenwände mit gelbem Karton verkleidet. Darüber wird dann violettfarbener und schließlich schwarzer Karton gehängt.

Vorstellung: Bühnenraum/Farbe
In den schwarzen Bühnenraum werden drei rote und ein schwarzer Styropor- oder Pappwürfel gestellt. Nach einer kurzen Betrachtungszeit wird dann die schwarze Verkleidung weg-

gezogen. Die farbigen Würfel erleben in ihrem neuen Umraum (violett) eine völlig andere Farbwirkung. Wird auch die violettfarbene Verkleidung abgenommen, so entsteht erneut eine andere Farbwirkung und Atmosphäre. Das gleiche läßt sich auch mit gemusterten Tapeten, Stoffen, Stanniolpapier o. ä. machen. Die Variationen zu diesem Versuch sind vielfältig.

Oftmals wirken aber Vorschläge, die im Modell überzeugen, fade oder erdrückend, wenn sie auf den Spielraum übertragen werden. Folgende Grundregel bietet sich hier an: „… die hauptsächlichsten Farbakzente immer nur auf einen Teil konzentrieren und den anderen Teil jeweils zurückhaltender gestalten und behutsam darauf abstimmen." (*Ottmar Schuberth* 1955, S. 147)

Das ganze Szenario eines Stückes kann auch in den Bühnenraum gestellt werden, wobei die einzelnen Szenen durch Herausleuchten ins Spiel kommen (Spiellandschaft). Dadurch, daß das Publikum alle Handlungsorte einsehen kann, übersieht es deutlicher den Ablauf der Handlung und wird damit noch mehr zum Betrachter des Geschehens. Rein pragmatisch gesehen bietet die Bühnenform einen weiteren Vorteil: sie erfordert keine Umbauten und macht so einen zügigen Spielablauf möglich.

Der Hintergrund

Wie immer eine Bühne ausgestaltet sein mag, auf den Hintergrund der Spielfläche sollte unbedingt geachtet werden. Aus zwei Gründen ist ein ruhiger Hintergrund wichtig fürs Spiel:

● Der Hintergrund fixiert den Spielraum und grenzt ihn gegen den umliegenden Bereich ab.

● Er schafft Konzentration – sowohl für Spieler als auch für Zuschauer. Der Hintergrund läßt die Körper der Mitspielenden und ihre Gesten vor der ruhigen Fläche deutlicher hervortreten. Für solch einen Hintergrund eignen sich lichtschluckende Vorhänge, je nach Szene verschieden in der Farbe, oder leicht herzustellende Stellwände, die farbig angestrichen werden können.

Die Spielfläche als Boden

Eine Gliederung der Spielfläche kann hilfreich sein, um dem Spiel Spannung zu geben. Darüber hinaus kann die Spielfläche – als Boden betrachtet – zur Gestaltung der Atmosphäre einer Szene beitragen.

Peter Brook hat mit seiner Gruppe auch in dieser Hinsicht experimentiert: in seiner Carmen-Inszenierung ist der Boden „mit einer verbrannten, von Gerüchen durchdrungenen Erde bedeckt". (*Peter Brook* 1988, S. 27.)

Der Boden wird von einem breiten Band Kieselsteinen umrahmt. Es ist nun nicht schwer, sich vorzustellen, wie der Gang des Sergeant *Don Jose* über die Kieselsteine hart, klirrend und fest ist, sobald er aber in die Erde tritt, sein Schritt weich und schwer versackt. Mit der bewußten Gestaltung des Bodens setzen wir ein eindeutiges Zeichen.

Die Beleuchtung

Was immer sich an Mitteln des Theaters im Laufe der Zeit verändert hat, die entscheidende Neuerung ist die Beleuchtung – von *Robert Wilson* bis *Pink Floyd*. Die Gestaltung durch Beleuchtung wurde erst durch die Fülle technischer Einrichtungen möglich und hat in unserem Jahrhundert den optischen Charakter des Theaters grundlegend verändert.

Ohne Frage birgt das Spiel mit der Beleuchtung eine große Faszination in sich. Für das Schultheater ist sie aber nur bedingt von Bedeutung. Die wenigsten Schulen verfügen über eine Bühne mit einer beleuchtungstechnisch brauchbaren Ausrüstung. Das hängt meist mit der finanziellen Situation an den Schulen zusammen, die die Anschaffung einer teuren Beleuchtungsanlage selten ermöglicht. Schon deshalb ist der Umgang mit der Beleuchtung so einfach wie möglich zu halten.

Im wesentlichen geht es darum, ausreichend Licht auf eine Spielfläche zu geben. Im Spiel übernimmt das Licht verschiedene Funktionen:

○ Licht zur Szene
○ Licht zur Szene mit dramaturgischer Funktion
○ Licht als Bühnenbild
○ Licht als zeitliche Komponente
○ Arbeitslicht

Licht zur Szene

Die Spielfläche wird so ausgeleuchtet, daß zunächst gleichmäßig – d. h. im gleichen Maße – die ganze Bühne erhellt ist, auch die Tiefe. Wichtig ist dabei, daß keine ungewollten Schattenbildungen oder Beleuchtungslöcher auf der Bühne entstehen. Angestrebt wird eine fast neutrale, sachliche Ausleuchtung, die dem Publikum das Geschehen deutlich vor Augen führt. *Brecht* sah für seine Inszenierungen eine solche Art der Beleuchtung vor, um so seine Abkehr vom bürgerlich-romantischen Stimmungstheater zu dokumentieren.

Eine differenzierte Angabe darüber, welche technischen Bedingungen diese Aufgabe erfüllt, läßt sich nur schwer geben, da die Maße des Spielraums bestimmend für die Beleuchtung sind. Hier schon ist das technische Wissen, die Fähigkeit zur Umsetzung und die Sensibilität des Beleuchters gefragt.

Über die neutrale Beleuchtung hinaus gibt es die Möglichkeit, die Figuren in ihrer Dreidimensionalität zu betonen. Durch Licht und Schatten entsteht ein höheres Maß an Plastizität und damit eine größere Eindringlichkeit des Bildes für Betrachtende. Das geschieht, wenn die Figur nicht von allen Seiten gleich stark beleuchtet wird (*siehe Foto 1*).

Der Plastizität der Figuren steht die flächenhafte Erscheinung gegenüber. Diese Zweidimensionalität entsteht auf zweierlei Weise, entweder durch gleichmäßiges Ausleuchten der Figur von vorne (*s. Foto 2*) oder von hinten (*s. Foto 3*). Die Figuren erscheinen dem Betrachter als Silhouette, die Schemenhaftes oder Bedrohliches an sich haben.

Die vierte Möglichkeit läßt Teile der Figur deutlich hervortreten. Statt des ganzen Körpers werden einzelne Kör-

Foto 1

Foto 2

Foto 4

Foto 4

Fotos: Caesar Bauer

perteile betont – z. B. Hände oder der Kopf – und setzen so Akzente (*s. Foto 4*).

Auf der gleichmäßig ausgeleuchteten Bühne einzelne Bereiche durch Spots herauszuheben, ist sicherlich wirkungsvoll, wird aber häufig nur zu einem Effekt, wenn es nicht sehr sensibel gehandhabt wird.

Licht zur Szene mit dramaturgischer Funktion

Licht kann, ähnlich wie die Musik, eine dramaturgische Funktion übernehmen. Durch die Beleuchtung können Stimmungen erzeugt werden, die das Spielgeschehen stützen, z. B. Morgenstimmung, Dämmerung, Maschinenhalle, Bar. Stimmungen werden durch Aufsetzen von Farbfiltern erreicht. Wir sollten aber mit dem gefilterten Licht sensibel umgehen. Es besteht die Gefahr, die Szene übermäßig stark durch das Licht bestimmen zu wollen und lediglich banale Lichteffekte zu erzeugen. Differenzierter Umgang mit farbigem Licht bedeutet auch, nicht zu direkt eine Stimmung herstellen zu wollen. Die plumpe Ausleuchtung mit Rot, um die Atmosphäre einer Bar zu signalisieren, ist typisch für diese Art des Umgangs mit Beleuchtung. Leider sind die Beleuchtungsanlagen an Schulen oft viel zu primitiv, um subtile Farbstimmungen auf die Bühne zu bringen.

Wie die Musik kann auch die Beleuchtung die Szene kommentieren, d. h. durch Licht ironisieren oder verfremden. Wir sind mit dem Licht so vertraut, das wir für bestimmte Situationen bestimmte Stimmungen erwarten: die Bar im schummerigen Rotlicht, die Lagerhalle in fahlem Blau. Eine Übersteigerung dieser Erwartungshaltung führt zwangsläufig zur Ironisierung, eine Umkehrung zur Brechung und Verfremdung, eine fahl blau ausgeleuchtete Bar entspricht nicht unseren Erwartungen und führt deshalb zur Distanzierung, d. h. auch Verfremdung.

Der Einsatz von Lichtquellen auf der Bühne, z. B. Lampen, Laternen, Taschenlampen, Kerzen, können über das Atmosphärische hinaus auch dramaturgische Funktionen übernehmen: Es ist ein Unterschied, ob ein Suchtrupp von außen angeleuchtet wird oder mit Taschenlampen den Raum suchend erobert.

Licht als Bühnenbild

Das Licht kann den ganzen Raum ausleuchten, es kann aber auch auf der Spielfläche Akzente setzen, d. h. nur einem Teil des Raumes Licht geben. Auf diese Weise wird die Spielfläche in mehrere Spielräume aufgeteilt. Bei bewußtem und genauem Einsatz der Requisiten kann man dadurch auf das Bühnenbild verzichten. Das präzise eingesetzte Requisit, vom Lichtkegel herausgeholt, genügt, um dem Publikum den Ort der Handlung zu signalisieren. Auf diese Weise erspart man sich große, zeitraubende Umbauten. Auch mehrere Tableaus können so wirkungsvoll aneinandergereiht werden. Die im Kapitel „Musik und Darstellendes Spiel" beschriebenen Tableaus wurden so ausgeleuchtet.

Selbst ohne Requisiten kann das Licht das Bühnenbild ersetzen: Licht, von oben diagonal gebündelt, kann vom Publikum als Wald gedeutet werden. Allerdings liegt diese Art der Ausleuchtung sehr dicht am Atmosphärischen und wird erst durch die Präzision des Spiels zu einer klaren Information, die dem Betrachter den Ort des Geschehens signalisiert.

94

Licht als zeitliche Komponente

Die Qualität einer Inszenierung wird nicht zuletzt durch den Gebrauch des Lichtes bestimmt. Schon das erste Licht auf die Spielfläche löst beim Publikum eine Wirkung aus: ist es auf einen Schlag ganz hell auf der Bühne? Wächst die Szene allmählich aus dem Dunkel? Im ersten Fall wird das Publikum plötzlich mit der Szene konfrontiert, im zweiten Fall geht auch das Publikum langsam, oft erwartungsvoll in das Bühnengeschehen hinein. Je nach Wirkungsabsicht müßte die eine oder andere Möglichkeit gewählt werden.

Ein plötzlich angestrahlter Festsaal mit turbulentem Geschehen auf der Bühne wird das Publikum mitreißen. Steht ein Mann im zerschlissenen Mantel in der Mitte der Bühne, dessen Konturen langsam im Licht erscheinen, löst diese Art der Beleuchtung konzentrierte Erwartung aus. Die Szene sollte, wenn ihre Atmosphäre einmal aufgezeigt ist, im Licht möglichst ruhig gehalten werden. Das schnelle Wegnehmen des Lichtes („Black out") wird das eben Gesehene oder Gesagte betonen. Das langsame Ausblenden des Lichtes gibt Ruhe, Versonnenheit und Melancholie. Wieviel Zeit wir dem Ausblenden geben, muß auf die Sekunde genau ausprobiert werden. Was geschieht durch das Licht? Welche Wirkung hat es? Wie unterstützt es die Szene? – diese Fragen sollten ständig bedacht werden. Und immer ist es besser, ein einfaches, stetes, gleichmäßiges Licht auf die Szene zu geben, als durch übermäßigen, ungenauen Gebrauch der Lichtquellen die Szene zu belasten.

Arbeitslicht

Im Verlauf eines Stückes werden häufiger Umbauten nötig sein. Das kann hinter geschlossenem Vorhang geschehen. Der geschlossene Vorhang hat allerdings etwas sehr Abschließendes, den Spielfluß Hemmendes. Die andere Möglichkeit ist, den Umbau bei offener Bühne durchzuführen. Das geht nicht ohne Licht. Ein schwaches, neutrales Licht (Arbeitslicht) genügt. Durch das Zeigen des Umbaus bekommt die Aufführung etwas Sachliches, Werkstattähnliches. Die zuschauende Gruppe wird darauf hingewiesen, daß sie im Theater ist. Selbstverständlich sollte der Umbau zügig, aber ohne Hast vonstatten gehen. Auch das will geprobt sein. Es ist eine Stilfrage, für welche Lösung man sich entscheidet, inwieweit man das Publikum in den Arbeitsvorgang Theater mit hineinnimmt oder es in erwartungsvoller Distanz hält.

Aus den Überlegungen heraus ergibt sich, daß nur derjenige die Aufgabe des Beleuchtens wahrnehmen kann, der das Stück in seiner ganzen inhaltlichen, darstellerischen und emotionalen Aussage erfaßt hat.

Technische Ausrüstung

Über die rein technischen Daten und Einzelheiten der Beleuchtung, wie Art und Funktionsweise der Scheinwerfer u. ä., läßt sich schwer etwas sagen, da jede Spielfläche und jeder Zuschauerraum einer anderen Ausstattung bedarf. Die führenden Bühnenbeleuchtungshersteller beraten selbst kleinere Spielstätten kostenlos und stellen auch Informationsmaterialien zur Verfügung.

Die Zeit

Training

● Die Flamme

Die Mitspielenden liegen entspannt im Raum verteilt. Die Spielleitung erzählt: Stelle dir Flammen vor. Versuche selber eine Flamme zu sein. Finde eine Bewegung dafür. Die Flamme wird größer und größer, der Wind kommt von der linken Raumseite, von der rechten Raumseite, der Wind wird zum Sturm, es beginnt zu regnen, langsam werden die Flammen kleiner, und schließlich erlöschen sie.

Variationen: Schlingpflanzen im Wasser, Brei, der überkocht, Springbrunnen.

Bemerkung: Dynamik zwischen Ruhe und Bewegung.

● Das Denkmal

Die Mitspielenden liegen am Boden. Die Spielleitung gibt die Anweisung: Stelle dir ein Denkmal vor, das eine Person darstellt. Überlege dir genau, wie du aus deiner Haltung in die von dir gedachte Figur kommst. Nun richte dich langsam auf, ohne die Bewegungen abzubrechen, bis du die Haltung angenommen hast. Wiederhole die Übung in einem schnellen Tempo.

Bemerkung: Zeitlich strukturierter Bewegungsablauf.

● Gruppen gehen aufeinander zu

Zwei Gruppen stehen sich, so weit wie möglich voneinander entfernt, gegenüber. Beide Gruppen gehen sicher, mit festen Schritten, aufeinander zu. Nach dem dritten Schritt klatscht die Spielleitung in die Hände, die Mitspielenden bleiben stehen, den Blick auf die andere Gruppe gerichtet. Auf Klat-schen gehen die Gruppen zwei Schritte – Klatschen – Stehen, bis die Gruppen dicht voreinander stehen.

Variation: Schleichen, ohne Zeichen von der Spielleitung.

Schluß: die Gruppen mischen sich.

Bemerkung: Pause und Tempo.

● Mitteilung: langsam, schnell

Jeweils zwei Mitspielende (A und B) finden sich. A will B etwas Belangloses mitteilen und versucht, durch Pausen der Mitteilung Wichtigkeit zu geben. Die Pausen können mitten im Satz auftreten. A versucht auf diese Weise, die Aufmerksamkeit von B zu erregen. (B übernimmt die Rolle von A.)

Variation: Die gleiche Mitteilung möglichst schnell sprechen.

Bemerkung: Tempo und Pause.

● Die Spielenden gehen durch den Raum (Tablett!)

Ein/e Spieler/in bleibt stehen, alle Mitspielenden stehen still. Weitergehen, wieder bleibt ein/e Spieler/in stehen usf. Es gibt keine Absprache.

Bemerkung: Beobachtung der Spielpartner.

Zeit und Dramaturgie

Theater ist immer Handlungsablauf, und die kleinste Handlung auf der Bühne braucht Zeit. Mithin ist auch die Zeit ein Mittel des Theaters und bedarf der Gestaltung. Unabhängig von der emotionalen Betroffenheit des Publikums durch den Inhalt, wird es durch den zeitlichen Ablauf einer Szene emotional gelenkt und möglicherweise die inhaltliche Betroffenheit erst erreicht.

In einzelnen Kapiteln haben wir schon auf den Faktor Zeit hingewiesen. Uns erscheint der bewußte Umgang mit der Zeit aber so wichtig, daß wir in einem Versuch noch einmal zeigen wollen, worauf es ankommt.

Versuch: Zeit und Bewegung

Eine Person sitzt im hinteren rechten Viertel der Bühne, ca. zwei Meter von der Seite entfernt. Sie stellt einen Bettler dar. Eine zweite Person kommt von der rechten Seite, geht vor dem Bettler vorbei, wirft ihm eine Münze in den Hut und geht nach links ab. Dieselbe Situation wird wiederholt: jetzt sitzt der Bettler im linken hinteren Viertel der Bühne.

Der Höhepunkt dieser kleinen Szene ist die Gabe des Vorübergehenden. Im ersten Fall wird das Publikum sehr schnell mit diesem Höhepunkt konfrontiert; es kann die Aktion kaum wahrnehmen. Im zweiten Fall wird seine Erwartungshaltung auf den Höhepunkt hingeführt, es kann die Aktion in ihrer Vorbereitung genau beobachten. Bis zum Schluß wird das Publikum gespannt sein, ob der Passant dem Bettler etwas geben wird.

Der zeitliche Ablauf bestimmt also einerseits das Erkennen der Situation, und andererseits wird durch ihn beim Publikum eine Emotion aufgebaut. Gerade das zweite Beispiel zeigt deutlich einen Spannungsbogen. Unter Spannungsbogen verstehen wir die Fähigkeit, ein Thema so vorzutragen, daß das Interesse des Publikums nicht nachläßt. Es wird im Gegenteil zu einem Höhepunkt geführt, der dann auf verschiedene Weise ausklingen kann. Der bewußte Einsatz der Zeit in dieser kleinen Szene ist übertragbar auf andere Szenen und gilt letztendlich für ein ganzes Stück, er gibt ihm eine Struktur.

Über den Spannungsbogen innerhalb einer Szene hinaus gibt es auch einen rhythmischen Verlauf eines ganzen Stückes. Einer Abfolge von schnell gespielten Szenen kann eine langsame Szene folgen, die dem Publikum die Möglichkeit läßt, zur Ruhe oder in eine andere Stimmung zu kommen. Es können auch mehrere langsame Szenen schließlich in einem schnell gespielten Höhepunkt enden, wobei keine starren Regeln vorgegeben werden können. Der Ablauf einer Szene und der eines ganzen Stückes wechselt im Tempo und ist dem Verlauf eines Musikstückes durchaus vergleichbar.

Die vorgestellte Szene mit dem Bettler läßt sich auch auf verschiedene Tempi hin untersuchen. Sie kann in unterschiedlichen Gangarten und Emotionen (schlendernd, eilig, bedrückt, nervös etc.) und damit auch schon in verschiedenen Geschwindigkeiten gespielt werden. In der Diskussion wird sich ergeben, daß der jeweilige Einsatz von Zeit in Verbindung mit unterschiedlicher Gestik verschiedene Emotionen hervorruft.

Wie schwer gerade der Umgang mit der Zeit ist, und wie die Darstellung oft von Nuancen in der Zeitgebung abhängt, ist nicht lehrbar, sondern nur erfahrbar. Der Umgang und die Einteilung von Zeit im Spiel muß immer wieder geübt werden.

Zum Thema Zeit gehört auch die Pause. Wir haben bereits auf die Funktion der Pause beim Sprechen, bei Bewegungsabläufen u. ä. hingewiesen. Bei einem längeren Theaterabend sollte darüber nachgedacht werden, an welcher Stelle des Stückes eine Pause in der Aufführung gemacht werden kann. Nicht immer ist es ratsam, den Handlungsverlauf zu unterbrechen, weil die Zuschauer durch die Pause aus ihrem Theatererleben herausgenommen werden, und der Wiederbeginn der Aufführung sowohl für die Spielenden als auch für die Zuschauer eines neuen Anlaufs bedarf. Es wird immer vom inneren Handlungsverlauf des Stückes abhängen, ob und wo eine Pause gesetzt werden kann.

Zeit und Organisation

Die termingerechte Organisation der Zeit hat in der Theaterarbeit eine große Bedeutung. Es beginnt schon mit der Pünktlichkeit zu den Proben. Im allgemeinen finden die Proben im Schulalltag statt. Erfahrungen sprechen dafür, von Zeit zu Zeit Probenwochenenden außerhalb der Schule zu organisieren. Von einem bestimmten Punkt der Arbeit wird es nötig sein, einen Probenplan aufzustellen, in dem festgelegt wird, wann Einzelproben bzw. Gruppen- oder auch Umbauproben stattfinden sollen. Schüleraufführungen scheitern zuweilen an den nicht geprobten Umbaupausen. Sind sie zu lang und nicht richtig organisiert, hemmen sie den Fluß der Aufführung.

Auch die zeitliche Koordination der Herstellung eines Plakates, eines Programmheftes und der Einladungen muß bedacht sein.

Rollenfindung

Das, was Jugendliche wohl am meisten am Theaterspielen reizt, ist die Möglichkeit, eine andere Person darzustellen, sich in ein anderes, fremdes Leben hineinzudenken und zu fühlen. Weniger bewußt ist ihnen dabei die Tatsache, daß sie zu neuen Empfindungen und Erfahrungen kommen.

Häufig gehen die Schülerinnen und Schüler ganz naiv an die Aufgabe heran, eine andere Person zu spielen, und laufen dabei schnell Gefahr, sich an Klischees zu orientieren. In einer Szene treffen Rollen in einer bestimmten Situation aufeinander. Bei der Rollenfindung geht es darum, eine Rolle zu einer Figur zu gestalten. Während die Rolle zunächst nur die Vorgabe aus dem Text ist, ist die Figur die erarbeitete Gestaltung durch den Spieler bzw. die Spielerin. In den Inszenierungen läßt sich immer wieder beobachten, wie unterschiedlich die Auffassung von Rollen sein kann. Es ist nicht schwer einzusehen, daß die Rollen in einer Eigenproduktion bzw. in einem fertigen Stück unterschiedlichen Voraussetzungen unterliegen und sich daraus auch unterschiedliche Arten der Arbeit und Gestaltung ergeben.

Rollenfindung bei der Eigenproduktion

Bei der Eigenproduktion entwickeln sich die Szenen aus Improvisationen. Die Spielenden finden ihre Figur im Spiel aus ihren Möglichkeiten und Fähigkeiten heraus, wobei nicht nur der Charakter der Figur, sondern auch schon weitere theatrale Mittel wie Kostüm, Requisit von ihnen andeutungsweise vorgeschlagen werden.

Die in den Improvisationen gefundenen Figuren werden auch immer von der Persönlichkeitsstruktur des jeweils Spielenden bestimmt. Diesen Sachverhalt nimmt im therapeutischen Bereich das Psychodrama auf. In der Eigenproduktion wird nicht nur die Figur, sondern auch die Situation, in der sie agiert, vom Spielenden erfunden (vgl. im Kapitel: Die Spielleitung und die Gruppe). Die Figuren können zunächst „blaß und mager" sein oder stark von einem Klischee ausgehen.

Die Hilfe der Spielleitung ist darauf ausgerichtet, den Spielenden Wege aufzuzeigen, die es ihnen ermöglichen, die Figuren reicher zu machen und ihnen etwas Eigenes zu geben.

Rollenfindung beim fertigen Stück

Beim fertigen Stück sind Text und Situation vorgegeben, die Spielerin bzw. der Spieler wird also mit der Rolle konfrontiert. Es gilt, sich das Fremde anzueignen und einen vorgegebenen Charakter zu studieren und ihn, gefiltert durch die eigene Persönlichkeit, auf der Bühne lebendig werden zu lassen. Hier erhebt sich die Frage, inwieweit Spielende aus ihrer psychischen Situation heraus in der Lage sind, den hochdifferenzierten Charakter einer Rolle zu erfassen.

Wir wissen vom Deutschunterricht, daß Schülerinnen und Schüler durchaus komplizierte Charaktere der Theaterliteratur verstehen und interpretieren können. Um so verblüffter sind wir dann, wenn wir dieselben Schülerinnen und Schüler eben diese Rollen auf der Bühne spielen sehen. Das intellektuelle Verständnis einer Figur ermöglicht noch nicht die glaubwürdige Umsetzung auf der Bühne; denn dafür bedarf es Fähigkeiten, die sowohl rein formaler Art sind (Sprachduktus, Gestik, Mimik), als auch der Fähigkeit, aus der eigenen Person den Ausdruck entwickeln zu können. Um das zu können, ist Lebenserfahrung notwendig, die für die Gestaltung der Rolle einsetzbar ist.

Hinweise zur Rollenfindung geben Antworten auf folgende Fragen:
● Gestaltung der Rolle über den Körper
Wie steht, wie geht die Figur?
Wie sitzt sie?
Hat sie körperliche Besonderheiten?
● Gestaltung der Rolle durch die Stellung im Raum
Wo befindet sich die Figur zu Beginn der Szene?
Welche Gänge macht sie?
Wo steht sie im Verhältnis zu den anderen Figuren?
● Gestaltung der Rolle über das Requisit
Welche Requisiten verdeutlichen die Figur?
Wie geht sie mit den Requisiten um?
● Gestaltung der Rolle durch das Sprechen
Wie reagiert die Figur sprecherisch auf unterschiedliche Situationen?
Spricht die Figur in einer besonderen Weise (Intensität, Modulation, Artikulation)?
● Gestaltung der Rolle über das Kostüm
Wie trägt die Figur ihr Kostüm?
Was macht sie mit dem Kostüm?
Kann man damit Laute erzeugen?

Zu Beginn der Arbeit an der Figur läßt sich von diesen Fragen ausgehen; denn über deren Beantwortung läßt sich eine Rolle möglicherweise reicher machen. Man sollte immer wieder neue Möglichkeiten erfinden und nicht mit dem ersten Vorschlag zufrieden sein. Dabei erscheint es uns wichtig, nach ungewöhnlichen Lösungen zu suchen. Sie müssen zunächst nicht unbedingt der Rolle entsprechen, beim längeren Probieren aber könnten sie der Rolle eine neue Facette geben. Ein alter Mensch muß nicht immer nur über den schleppenden Gang und den Krückstock dargestellt werden. Es wird Aufgabe der Proben sein, die Gebrechlichkeit durch andere Bewegungsabläufe und Requisiten zu verdeutlichen: der unsichere Griff zur Brille, das Putzen der Brille, das umständliche Anziehen einer Jacke usw.
Es bleibt nicht aus, daß die Vielzahl der möglichen Lösungen auf wenige charakteristische Zeichen zurückgeführt werden müssen. Letztlich aber wird die Figur immer von der Gesamtkonzeption des Stückes her bestimmt sein.
Um ein breiteres Spektrum an Spielmöglichkeiten zu bekommen, ist es hilfreich, zu überzeichnen:

○ Mach dich so klein wie du kannst und spiel deine Rolle!
○ Mach dich so groß wie du kannst!
○ Geh ganz schnell, geh ganz langsam!
○ Such dir den ungewöhnlichsten Weg auf die Bühne!
○ Dein wichtigstes Requisit wird ganz heiß!
○ Dein wichtigstes Requisit bekommt etwas Angstmachendes, etwas Ekeliges, etwas angenehm Duftendes usw.
○ Sprich deinen Text in einer ungewöhnlichen Körperhaltung!

○ Sprich deinen Text und iß dabei eine Banane!

○ Schrei deinen Text, flüstere ihn!

○ Sprich so schnell, so langsam wie du kannst!

○ Benutze die einzelnen Teile deines Kostüms nicht ihrer Funktion entsprechend (Jacke als Schürze, Jacke falsch zugeknöpft, Schuhe als Kopfbedeckung, Gürtel als Krawatte usw.)!

Diese Versuche mögen zunächst ungewöhnlich erscheinen. Sie regen aber die Phantasie der Spielenden an und schaffen ein Reservoir an Spielmöglichkeiten. Die Figuren werden breiter angelegt, und Spielende kleben nicht so schnell an der Rolle.

Auf andere Verfahrensweisen, wie z. B. das Schreiben einer Rollenbiographie, das Beantworten der W-Fragen (Wer bist du? Wohin gehst du? Woher kommst du? usw.) haben wir bereits hingewiesen.

Grundsätzlich gilt immer, nicht Spielende für die Rollen, sondern Rollen für die Spielenden zu finden.

Foto: Holger Müller

Produktionsformen

Das Schultheater hat im wesentlichen drei Produktionsformen: die Inszenierung eines literarischen Stückes, die Adaption einer Vorlage und die Eigenproduktion.

Für die Eigenproduktion werden Form und Inhalt aus der Arbeit mit den Schülerinnen und Schülern entwickelt, d. h. alle inhaltlichen und formalen Mittel werden selbst erarbeitet. Die Gruppe kann dabei von einer formalen Idee (z. B. Spiel mit Wellpappe, Spiel mit einer Treppe, Stühlen, Objekten) oder von einer Aussageabsicht (z. B. Erwachsenwerden, Begegnungen) ausgehen.

Der Aufbau von Eigenproduktionen läßt mehrere Möglichkeiten zu: ein Stück, ein Stationenstück, eine Szenenfolge.

● Das Stück hat eine durchgehende Handlung. Es folgt den Gesetzen der Dramaturgie, wobei zu beachten ist, daß es verschiedene Dramaturgien gibt (*Aristoteles, Shakespeare, Lessing, Brecht*).

● Das Stationenstück konzentriert sich mehr auf den einzelnen Handlungsschritt. Es reiht in sich geschlossene Szenen aneinander, die zusammen eine Geschichte erzählen.

● Die Szenenfolge geht von einer Grundidee oder auch einer Grundstimmung aus, die zusammengehalten wird von einer Folge ganz unterschiedlicher Szenen, meist ohne einen Handlungsfaden. Sie nähert sich damit der Collage und der Revue an.

Der Weg zur Eigenproduktion

Die Gruppe sucht zunächst in zumeist stundenlangen Diskussionen ein Thema, zu dem Szenen entworfen werden. In der Praxis kann das so aussehen, daß die Gruppe sich in Kleingruppen teilt und zunächst sehr frei Szenen erfindet. Die Vorschläge aus den Kleingruppen lassen sich meistens zu Sinneinheiten, entweder im Sinne eines Stückes oder einer Szenenfolge, zusammenstellen. Es beginnen die ersten Überlegungen zum Aufbau der Produktion.

Die Probleme dieser Arbeitsform sind folgende:

Der Inhalt einer Szene kann textlich zu knapp gefaßt sein, so daß die eigentliche Aussage, der Konzentrationspunkt (Pointe), zu plötzlich kommt. Die Mitspielenden haben nicht die Möglichkeit, die Figuren aus einer Situation heraus zu entwickeln. Sie präsentieren Feststellungen, es wird eben nur festgestellt. Es fehlt genau das, was Theater ausmacht: Handlung. Das eigentlich Spielerische, der so wesentliche Teil des Theatermachens und Theatererlebens, kommt zu kurz. Die Knappheit der Szenen birgt auch immer die Gefahr in sich, daß nur ein Klischee abgeliefert wird, weil sich eine Differenzierung innerhalb weniger Minuten nicht herstellen läßt. Natürlich gibt es im literarischen Bereich überzeugende Beispiele an Kurzformen (Minidramen) von theatraler Qualität, die zu erreichen für Schülerinnen und Schüler aber sehr schwer sein dürfte.

Szene für Szene wird in Kleingruppen entworfen und aneinandergereiht, so daß eine Szenenfolge entsteht. Der Aufbau läßt kaum einen Spannungsbogen zu, das Publikum langweilt sich schnell. Um einen Spannungsbogen zu erzeugen, ist es notwendig, die Rollen in ihrer Entwicklung dramaturgisch sinnvoll vom Anfang bis zum Ende zu führen. Meist werden sie zu dürftig und zu wenig differenziert.

Ein weiteres Problem der Eigenproduktionen liegt darin, daß die entworfenen Szenen oftmals nicht zu einer allgemeinverständlichen Aussage kommen. Das gesprochene Wort oder die Geste haben ihre inhaltliche Bedeutung nur im Kreis der Mitspielenden. Die Zuschauer können die akustischen und optischen Zeichen nicht eindeutig entschlüsseln.

Die entworfenen Szenen der Kleingruppen haben naturgemäß unterschiedliche Qualität. Es müssen gelungene ausgewählt werden. Dieser Prozeß erfordert von der Gruppe und der Spielleitung sehr viel Einfühlungsvermögen, schließlich hat jede Kleingruppe versucht, ihre Aufgabe möglichst gut zu lösen. Der Auswahlprozeß ist sicherlich einer der schwierigsten Momente in der Produktion und erfordert letztendlich von der Spielleitung eine klare Position. Die Gruppe muß es lernen, weniger gelungene Szenen zugunsten einer klareren Aussage zurückzunehmen. Es wäre ein falsches Verständnis von Gleichberechtigung, alle Szenen zu spielen, nur weil sie einmal entworfen wurden.

Die Erarbeitung einer Eigenproduktion ist ein langwieriger Prozeß. Den Mitspielenden geht manchmal die anfängliche Brisanz des Themas verloren und damit einhergehend auch das Interesse am Spiel und die spielerische Kraft.

Doch trotz dieser Schwierigkeiten und Gefahren bei der Erarbeitung von Eigenproduktionen zeigt die Tatsache, daß sie immer wieder entwickelt werden, daß sie im Schultheater ihre feste Position haben. Ein gewichtiger Vorteil dieser Produktionsart sind die schülernahen Themen. Alle Mitspielenden haben die Möglichkeit, ihre subjektiven Erfahrungen, ihre Eigenarten im Spiel einzubringen und gestalterisch in eine Rolle umzusetzen. Zudem lassen sich spezifische Fähigkeiten der Mitspielenden, wie z. B. Tanz, Akrobatik, Musik, direkt in eine Szene integrieren. Die Suche nach geeigneten Formen spricht die kreativen Möglichkeiten der Schülerinnen und Schüler stärker an und setzt so ihre oft eigenwillige Phantasie frei. Sie lernen „spielend" den Umgang mit den Mitteln des Theaters.

Die Arbeitsform bringt es mit sich, daß sich die Szenen weniger in Haupt- und Nebenrollen aufteilen, und der Anteil der einzelnen Spieler und Spielerinnen an der Produktion ausgeglichener ist.

Die hier nur angerissenen Chancen der Eigenproduktion machen deutlich, daß die pädagogische Arbeit sich zum einen auf das Theater und zum anderen auf die Gruppenführung bezieht. Gerade deshalb hat sie im Schultheater ihre volle Berechtigung. Keine andere Produktionsart ist so sehr für inhaltliche und gestalterische Impulse, Improvisationen und Alternativen offen wie die Eigenproduktion.

Um die anfangs aufgezeigten Gefahren zu umgehen, muß das Thema klar umrissen sein und die Diskussion darüber zeitlich begrenzt werden. Außerdem ist eine präzise Vorarbeit der Spielleitung notwendig, die klare Aufgabenstellung formuliert, z. B. das Schreiben von Rollenbiographien, Briefen, Tagebuchnotizen einzelner Rollen. Sie muß die Angebote der Schülerinnen und Schüler, sei es im Spiel oder im verbalen Vorschlag, wahrnehmen, sowohl was deren spielerische Phantasie betrifft als auch deren unter Umständen verblüffenden inhaltlichen Ideen.

Es bleibt die Aufgabe der Spielleitung behutsam und zugleich entschieden zu führen. Protokolle, Fotos und Tonbänder erleichtern dabei die Arbeit. Naheliegend ist es, die Proben mit Videoaufzeichnungen festzuhalten. Um diesem Medium aber nicht zu viel Gewicht zu geben – denn die Mitspielenden lieben nichts so sehr, wie sich selbst auf dem Bildschirm zu sehen –, sollte die Spielleitung zunächst die Videos allein für sich nutzen, um sie dann gezielt für bestimmte Probesituationen einzusetzen. Die Aufzeichnungen dienen dann dazu, die „Fehler" in der Konzeption des Spiels deutlich zu machen.

In der eigentlichen Probenphase zur Aufführung hin, stehen nur noch die Mitspielenden im Mittelpunkt, die aus sich heraus ihr Spiel gestalten. Weiterführende Hinweise zu diesem Themenkomplex finden sich in der Dokumentation zum Schultheater der Länder, Tübingen 1988. Diese Dokumentation beschäftigt sich ausschließlich mit Eigenproduktionen.

Die Adaption

Die Adaption steht der Eigenproduktion am nächsten, mit dem Unterschied, daß sie immer von einer Vorlage ausgeht. Es handelt sich dabei um nicht dramatisierte Vorlagen, deren Aussage für das Theater übertragen werden. So lassen sich aus Hörspielen, Romanen, Erzählungen, Kurzgeschichten, Märchen, Gedichten, Bildgeschichten, Bildern und Musikstücken Theaterproduktionen entwickeln. Sie können

die Form eines Stückes oder eines Szenenfolge haben.

Das Ausgehen von einer komplexen, schon vorgeformten Aussage gibt der Gruppe die Möglichkeit, den schweren und oft nicht befriedigenden Weg der Themenfindung und deren inhaltliche Gestaltung zu umgehen. Die Spielerinnen und Spieler können sich auf die Übertragung in theatrale Formen konzentrieren. Die Diskussionen sind zielgerichteter, da die Beteiligten als Basis immer die Vorlage haben. Die Gefahren und Schwierigkeiten, wie sie die Eigenproduktion aufweist, wird es auch hier geben, nur setzt die Vorlage immer wieder Maßstäbe.

Die literarische Vorlage

Im Schultheater wird wohl immer noch am häufigsten ein Theaterstück inszeniert. Der Grund dafür liegt darin, eine vermeintlich sichere Ausgangsposition für die Arbeit zu haben. Beim Lesen eines literarischen Textes stellt sich zwangsläufig eine Interpretation für den Leser und die Leserin ein. Lesende können nicht nicht interpretieren, da sie versuchen, den Text auf ihre Weise zu verstehen. Wie ein/e Regisseur/in, ein/e Schauspieler/in, ein/e Bühnenbildner/in ein bestimmtes Werk ausdeutet, führt zur Interpretation. Das Konzept ist die Umsetzung dieser Interpretation mit Hilfe theatraler Mittel.

Bei der Diskussion um solche Aufführungen fällt immer wieder der Begriff „Werktreue". Gemeint ist damit die Forderung, eine möglichst ursprüngliche Darstellung der Aussageabsicht des Autors bzw. der Autorin zu finden. Eine Gruppe, die sich auf Werktreue beruft, geht am Wesentlichen vorbei, da sie von einer falschen Voraussetzung ausgeht; denn eine exakte Information darüber, wie sich Autorinnen und Autoren die Darstellung ihres Werkes gedacht haben, ist – zumindest was die klassische Literatur betrifft – nicht überliefert. Jede unserer Interpretationen ist zeitbedingt, so wie die Uraufführung der „Räuber" am 13. Januar 1782 in Mannheim anders ausgesehen hat als jeder Versuch einer werktreuen Rekonstruktion in unserer Zeit.

Die Frage nach der Intention eines Werkes stellt sich immer wieder neu. Das ist mit ein Grund dafür, warum Theaterstücke von *Sophokles* bis *Strindberg* immer wieder aufgeführt werden und immer wieder ihre Zuschauer finden.

In diesem Zusammenhang sei noch einmal auf die Stückauswahl hingewiesen. Auffallend ist der Hang, große Theaterliteratur mit Schülerinnen und Schülern auf die Bühne bringen zu wollen. Wer so vorgeht, wird weder den Autorinnen bzw. den Autoren noch den Spielenden und dem Schultheater gerecht.

Wir wollen nicht ausschließen, daß einzelne Szenen literarischer Klassiker durchaus für Schülerinnen und Schüler spielbar sein können, wenn man dafür eine entsprechende Konzeption findet. Grundsätzlich aber gilt, daß Dramen, die stark psychologisch orientiert sind und einer naturalistisch-realistischen Darstellung bedürfen, sich für diese Zielgruppe nicht eignen.

Foto: Holger Müller

Diskussion und Bewertung einer Aufführung

Theater ist Kommunikation. Das Publikum wird immer über die Aufführung sprechen.

Die Diskussionen haben den Sinn, einen Tatbestand zu untersuchen und ihn durch diese Untersuchung einzuordnen. Häufig entwickelt sich daraus ein unerfreuliches und wenig ergiebiges Gespräch, weil Standpunkte aufeinanderprallen, die unvereinbar scheinen: einerseits die der Gruppe, andererseits die der Zuschauenden und der Zuschauenden untereinander. Jeder hat eine Auffassung – alle tun so, als redeten sie über das Gleiche.

Was die Diskussion über eine Schüleraufführung so schwer macht, ist die Tatsache, daß eine Gruppe, die lange intensiv an einem Stück gearbeitet hat und sicher von ihrer Art der Darstellung überzeugt ist, stark emotional an ihre Arbeit gebunden ist. Es ist daher nicht leicht, die eigene Produktion aus der Distanz zu betrachten. Das gilt auch für den Spielleiter.

Theaterproduktionen können auf zweierlei Weise diskutiert werden: wir können Produktionen *in sich* beurteilen, wir können sie auch *an sich* beurteilen. Eine Beurteilung einer Produktion in sich geht davon aus, Fragen zu stellen, ohne zu bewerten, Informationen zum Inhalt, zum Spiel und zur Konzeption zu sammeln.

Die Spieler bedienen sich einer Auswahl von theatralen Mitteln, um eine bestimmte Aussage bzw. Wirkung bei den Zuschauenden zu erreichen. Jedes Spiel bietet eine unübersehbare Fülle von Möglichkeiten, Theatermittel anzuwenden. So kann bei einem Spiel nur eine Auswahl möglich sein. Deshalb muß man sich fragen, warum gerade die gezeigten Mittel benutzt wurden und in welcher Beziehung sie zur Konzeption der Gruppe stehen. Jetzt erst kann das Publikum deutlich machen, wieweit Spiel und Konzeption in Einklang standen, d. h. eine gelungene oder weniger gelungene Aufführung erlebt wurde. Dabei bleibt immer die Tatsache bestehen, daß jede Art, Theater aufzunehmen, subjektiv ist. Sie hängt immer davon ab, wieviel Lebens- und Theatererfahrung die Zuschauenden haben. Eine sinnvolle Diskussion ist nur dann möglich, wenn auch das Publikum über Kompetenzen verfügt, das Gesehene und Gehörte zu beurteilen.

Aufbau einer Diskusssion

Zur Strukturierung der Diskussion bietet sich folgender Fragenkatalog an:

Wer spielt?
Was wird gespielt?
Wie wird gespielt?
Wo wird wann vor wem gespielt?
Alle Fragen stehen unter dem übergeordneten: Warum?

Wer spielt?
Hier geht es nicht nur darum, wie sich die Gruppe zusammensetzt, wie lange sie zusammenarbeitet und unter welchen Bedingungen, sondern auch um die Frage nach dem aktuellen gesellschaftlichen Hintergrund der Gruppe.

Eine Gruppe aus Niederbayern wird in ihrer Haltung und ihrer Themenwahl andere Inhalte suchen und bearbeiten, als eine Gruppe aus Berlin.

Was wird gespielt?

Die Fülle der Möglichkeiten ist zahllos. Die Auswahl hängt eng mit der vorhergehenden Frage zusammen. Welchen Stoff die Gruppe auch auswählt, die Aufführung soll zeigen, daß die Gruppe dieser Aufgabe gewachsen ist, d. h. eine Gestaltung gefunden hat, die sowohl dem Inhalt des Stückes als auch den Fähigkeiten der Spieler entspricht.

Wie wird gespielt?

Welche Mittel des Theaters: Körpersprache, Sprache, Musik, Kostüm, Bühnenbild usw. wurden eingesetzt? War der Einsatz dieser Mittel der Absicht der Aufführung dienlich? Ergänzen sich die theatralen Mittel zu einer Aussage oder widersprechen sie sich möglicherweise in ihrer Wirkung?

Wo und vor wem wird gespielt?

Diese Frage bezieht sich einerseits auf den Aufführungsraum, das Klassenzimmer oder die Schulaula, andererseits auf den Ort, in dem gespielt wird (Großstadt, Dorf, fremde Stadt). Wird für Kinder, Jugendliche oder Erwachsene gespielt? Es ist entscheidend, daß alle diese Fragen unter dem Aspekt des Pädagogischen betrachtet werden müssen. Grundsätzlich darf Kritik nicht in Feststellungen steckenbleiben, sondern muß immer Wege der Weiterentwicklung aufzeigen.

Eine Diskussion über die Aufführung an sich fragt nach dem größeren Bezugsrahmen, inwieweit eine Aufführung den Anforderungen an das Schultheater, wie sie in der Einführung deutlich gemacht wurden, gerecht wird. Dieser Bezugsrahmen wird, je nach Auffassung, anders sein. Es gibt keine allgemeingültige Forderung, außer der, die Leistung einer Gruppe, gemessen an ihren Möglichkeiten, hinsichtlich der Behandlung des Stoffes und der Spielfähigkeit, zu beurteilen. Schüler können alles spielen: Eigenproduktionen, literarische Stücke, Musicals usw., wenn es ihnen gelingt, den Stoff in eine ihnen gemäße, den Zuschauenden überzeugende Gestalt zu bringen.

Wann soll diskutiert werden ?

Gleich nach der Aufführung ist die Gruppe noch zu sehr im Spiel, um eine sachliche Diskussion leisten zu können. Andererseits besteht das Bedürfnis zu erfahren, wie das Stück angekommen ist. Zunächst sollte es daher bei der Äußerung allgemeiner Eindrücke bleiben. Sachliche Diskussionen können erst am nächsten Tag erfolgen. Dabei hat sich gezeigt, daß Jugendliche besser alleine, ohne Eingreifen der Erwachsenen diskutieren können, die oft nur belehrend wirken. Ein Gespräch zwischen den Spielleitern und dem erwachsenen Publikum bietet eher die Möglichkeit der gleichberechtigten Auseinandersetzung.

Schlußwort

Foto: Theater-AG der Dorothea-Schlözer-Schule in Lübeck

Wir haben eine Methode dargestellt, die es ermöglicht, die Komplexität des Theatermachens in einzelnen Schritten vorzustellen und verfügbar zu machen. Wir haben dabei auch gezeigt, wie schon die kleinste szenische Einheit Theater sein kann. „Ich kann jeden Raum nehmen und ihn eine nackte Bühne nennen. Ein Mann geht durch einen Raum, während ihm ein anderer zusieht." So haben wir *Peter Brook* schon einmal zitiert. Der Gedanke veranschaulicht, was für alle Theatersituationen gilt, vom Ödipus bis zum Clown, von der Pantomime bis zum Ballett.

Es geht also beim Theater immer um ein Geschehen, ein organisiertes Geschehen: von jemandem in Szene gesetzt und von jemandem gesehen. Dieses organisierte Geschehen, im Augenblick gezeigt und auch im Augenblick gesehen, ist auch in diesem Augenblick Wirklichkeit. Das Geschehen ist gemachte Wirklichkeit. Theater, so gesehen, bedeutet, eine Welt für sich sein. Diese Welt kann Abbild der Realität sein und im Moment der Aufführung eine neue Realität schaffen. Sie ist dann immer Wirklichkeit, Tatsache. Sie wirkt auf die Betrachtenden, bewirkt möglicherweise auch etwas, bei ihnen und bei den Spielenden.

Dieser Gedanke ist auch Grundlage des Schultheaters. Auch Schülerinnen und Schüler sind in der Lage, in dieser Weise Theater zu machen und Theater zu erfahren. Ihre Phantasie, ihre Dynamik, ihr Eifer, ihre Unmittelbarkeit können einen Theaterabend herbeiführen, der seine eigene, nur ihm eigene Intensität hat.

Literatur

Akademie für Lehrerfortbildung Dillingen: Theaterspielen in der Schule – Fortbildungsmodell. Verlag Ludwig Auer. Donauwörth 1992

Artraud, Antonin: Das Theater und sein Double. Fischer Taschenbuch Verlag. Frankfurt 1986

BAG (Hrsg): Schultheater im Spannungsfeld. Hamburg 1984

Barba, Eugenio: Jenseits der schwimmenden Inseln. Rowohlt Taschenbuch Verlag. Reinbek 1985

Barrault, Jean-Louis: Erinnerungen für morgen. Fischer Taschenbuch Verlag. Frankfurt 1975

Batz, Michael und *Schroth, Horst:* Theater zwischen Tür und Angel. Rowohlt. Reinbek bei Hamburg 1983

Becket, Samuel: Improvisationen für Schauspieler. Suhrkamp-Verlag. Frankfurt am Main

Benjamin, Walter: Über Kinder, Jugend und Erziehung. Suhrkamp-Verlag. Frankfurt am Main 1969

Boal, Augosto: Theater der Unterdrückten. Suhrkamp-Verlag. Frankfurt am Main 1980

Brasch, Thomas: „Mercedes". In: Theater Heute 2/83. Suhrkamp-Verlag. Frankfurt am Main 1983

Brasch, Thomas: „Frauen, Krieg, Lustspiel". Suhrkamp-Verlag. Frankfurt am Main 1989

Brecht, Bertolt: Materialien zu Brechts „Mutter Courage und ihre Kinder". Suhrkamp-Verlag. Frankfurt am Main 1964, S. 35

Brecht, Bertolt: Gesammelte Werke 2. Suhrkamp-Verlag. Frankfurt am Main 1989, S. 615

Bubner, Claus und *Mienert, Christiane:* Bausteine des Darstellenden Spiels. Hirschgraben Verlag. Frankfurt 1987

Bundesarbeitsgemeinschaft für Darstellendes Spiel in der Schule e. V. (Hrsg.): Dokumentation Schultheater der Länder '88. Hamburg 1988

Bundesarbeitsgemeinschaft für Darstellendes Spiel in der Schule e. V. (Hrsg.): Dokumentation Schultheater der Länder '89. Hamburg 1989

Feldenkrais, Moshe: Bewußtheit durch Bewegung. Suhrkamp-Verlag. Frankfurt am Main 1978

Figge, Peter: Lernen durch Spielen. Quelle u. Meyer. Wiesbaden 1975

Fischer-Lichte, Erika: Semiotik des Theaters. Gunter Narr Verlag. Tübingen 1983

Giffei, Herbert (Hrsg.): Theatermachen. Otto Maier Verlag. Ravensburg 1982

Grabbe, Christian Dietrich: Scherz, Satire, Ironie und tiefere Bedeutung. Reclam. Stuttgart 1961

Harjes, Rainer: Handbuch zur Praxis des Freien Theaters. DuMont Verlag Köln 1983

Heins, Kerstin: Maskenbau und Maskenspiel. 2. Examensarbeit. Lübeck 1990

Iden, Peter: Theater als Widerspruch. Kindler-Verlag. München 1984, S. 57

Jandl, Ernst: Die Bearbeitung der Mütze. Luchterhand-Verlag. Darmstadt/Neuwied 1978, S. 36

Klooss, Reinhard und *Renter, Thomas:* Körperbilder. Syndikat Verlag. Frankfurt 1980

Kramer, Michael: Verkleidungen. Verlag Büchse der Pandora. Wetzlar 1984, S. 5

Kunz, Marcel: Spielraum. Klett und Balmer Verlag. Zug 1989

Luhmann, Mathias: Bausteine zur Struktur und Ästhetik des Schülertheaters. Magisterarbeit. Hamburg 1986

Mettenberger, Wolfgang: Tatort Theater. Burghardt-Laetere Verlag. Offenbach 1993

Nagel, Otto: Käthe Kollwitz. VEB Verlag der Kunst. Dresden 1963, S. 83

Parnitzke, Erich: Bildhaftes Gestalten (mit Zeichnungen von *Gustav Lutz*). Oldenbourg-Verlag. München/Berlin 1933, Bildtafel III

Popp, Helmut (Hrsg.): Theater und Publikum. Oldenbourg-Verlag. München 1978

Read, Herbert: Erziehung durch Kunst. Droemer-Knaur Verlag. München/Zürich 1968

Ritter, Hans-Martin (Hrsg.): Spiel- und Theaterpädagogik: ein Modell. HDK. Berlin 1990

Rühle, Jürgen: Theater und Revolution. dtv-Verlag. München 1963

Saubert, Stefan: Fördert das Schultheater soziale Kompetenz? Diplomarbeit. Marburg 1993

Schirn Kunsthalle, Ausstellungskatalog: Die Maler und das Theater im 20. Jahrhundert. Frankfurt 1986

Schuberth, Ottmar: Das Bühnenbild. Geschichte. Gestalt. Technik. Callwey. München 1955

Schwarzwald, Michael: Bücher, Texte, Tips zum Schülertheater. Soester Verlagskontor. Soest 1992

Schwerin von Krosigk, Barbara: Der nackte Schauspieler. Die Entwicklung der Theatertheorie Jerzy Grotowskis. publica Verlag. Berlin 1986

Schwitters, Kurt: Das literarische Werk. DuMont Buchverlag. Köln 1973

Spielmann, Heinz (Hrsg.): Die russische Avantgarde und die Bühne 1890–1930. Katalog zur Ausstellung. Schleswig 1991

Spolin, Viola: Improvisationstechniken. Junfermann Verlag. Paderborn 1987

Stanislawskij, Konstantin S.: Theater, Regie und Schauspieler. Rowohlt. Reinbek 1958

Stern, Ernst: Bühnenbildner bei Max Reinhardt. Henschel-Verlag. Berlin 1955, S. 77

Tairoff, Alexander: Das entfesselte Theater. Alexander Verlag. Berlin 1989

Watzlawick, Paul: Menschliche Kommunikation. Hans Huber Verlag. Bern/Stuttgart/Toronto 1990

Weigel, Helene: Brecht, Theaterarbeit – 6 Aufführungen des BE. Dresdener Verlag. Dresden 1952, S. 385

Beratungsstellen:
Aus-, Fort- und Weiterbildung

Schultheater-Studio Frankfurt/M.
Hammarskjöldring 17 a
60439 Frankfurt/M.
Tel.: 0 69/21 23 20 44, Fax: 0 69/21 23 20 70

Bundesarbeitsgemeinschaft für das Darstellende
Spiel in der Schule, Elinor Lippert
Hauptsraße 51
86497 Horgau/Bayern,
Tel.: 0 82 94/16 57

Geschäftsstelle c/o BAG Spiel und Theater
Falkenstraße 20
30449 Hannover
Tel.: 05 11/4 58 17 99, Fax: 05 11/4 58 31 05

Spiel- und Theaterwerkstatt,
Beratungsstelle für Gestaltung
Eschersheimer Landstraße 565
60431 Frankfurt/M.
Tel.: 0 69/5 30 22 48

AG Spiel in der ev. Jugend AGS,
Burkhardt-Haus
Herzbachweg 2
63571 Gelnhausen

Katholische Arbeitsgemeinschaft Spiel und
Theater e. V., c/o Raimund Girzalsky
Am Gräfenhof 22
51109 Köln
Tel.: 02 21/84 02 17

Akademie Remscheid
Küppelstein 34
41857 Remscheid
Tel.: 0 21 91/7 94-1

Theaterpädagogisches Institut Lingen
Universitätsplatz 5–6
49808 Lingen/Emsland
Tel.: 05 91/8 24 80

Jugendkunstschule Unna-FB Theater
Luisenstraße 22
59425 Unna
Tel.: 0 23 03/10 35 15

Bundesarbeitsgemeinschaft Spiel und Theater,
c/o Klaus Hoffmann, Medienzentrale
Archivstraße
30169 Hannover
Tel.: 05 11/1 24 14 32

Projekt Traumfabrik, Akademie-Büro
Donaustaufer Straße 91
93059 Regensburg
Tel.: 09 41/40 10 25, Fax: 09 41/40 10 26

Kinder- und Jugendtheaterzentrum der Bundes-
republik Deutschland
Schützenstraße 12
60311 Frankfurt/M.
Tel.: 0 69/29 66 61

Institut für Spiel- und Theaterpädagogik,
c/o Prof. H.-W. Nickel, Hochschule der Künste
Bundesallee 1–12
10719 Berlin

Zentrum für Jugendtheater und Schulspiel
Heusteigerstraße 39
70180 Stuttgart
Tel.: 07 11/2 16 23 28

Bund Deutscher Amateurtheater e. V.
Steinheimer Straße 7/I
89518 Heidenheim
Tel.: 0 73 21/4 83 00

Universität Oldenburg, FB 2
Arbeitsstelle Szenisches Spiel und Theater als
Lern- und Forschungspraxis
Ammerländer Heerstraße 67/99
26111 Oldenburg

Freie Schule für Theaterpädagogik
Kirchheimer Straße 4
73119 Zell unterm Aichelberg

Spielstatt Ulm, Theaterakademie
Mörikestraße 5
89077 Ulm

Pädagogische Hochschule Heidelberg
Keplerstraße 87
69120 Heidelberg

Theaterpädagogisches Zentrum Köln e. V.
Genter Straße 23
50672 Köln

1995: Neuerscheinungen PRAXIS PÄDAGOGIK

Claus Claussen, Valentin Merkelbach
Erzählwerkstatt
Mündliches Erzählen

144 Seiten A 5, kart.,
ISBN 3-14-**16 2022**-9, 24,– DM

Ina Germes-Dohmen u. a.
Stadt und Schule öffnen sich
Der Modellversuch Schule und Kommune in Kempen

160 Seiten A 5, kart.,
ISBN 3-14-**16 2026**-1, 24,– DM

Claus Bubner/Christiane Mangold
Schule macht Theater
112 Seiten A 5, kart.,
ISBN 3-14-**16 2021**-0, 20,– DM

Hannelore Daubert/Hans-Heino Ewers (Hrsg.)
Veränderte Kindheit in der aktuellen Kinderliteratur
152 Seiten A 5, kart.,
ISBN 3-14-**16 2028**-8, 24,– DM